Einer fehlt

In jedem der 25 Kästchen fehlt ein Buchstabe aus dem Alphabet. Finde heraus, welcher das ist, und setze anschließend sämtliche fehlenden Buchstaben zu einem neuen Alphabet zusammen. Welcher fehlt jetzt?

Q	L	C	K	W
O	R	D	B	T
P	H	M	N	G
J	I	V	U	E
X	S	A	F	Z

G	L	T	R	M
F	U	D	V	B
X	N	J	H	P
Z	E	K	O	A
W	C	Y	I	S

A	F	D	X	J
Q	C	E	U	O
M	L	V	Z	P
R	W	Y	B	I
H	K	T	S	N

V	U	H	Q	E
Y	D	R	K	A
M	J	T	B	O
G	F	C	P	Z
I	L	W	N	S

U	L	P	Z	O
E	Q	A	G	I
H	R	V	N	X
M	B	J	C	K
Y	S	F	T	D

Y	V	C	F	A
H	K	P	J	O
T	Z	G	W	B
D	S	N	E	L
X	Q	U	I	R

B	S	J	N	Z
Q	K	I	O	M
G	D	H	A	R
X	W	T	V	C
L	P	Y	F	U

G	D	V	C	L
H	W	E	T	Y
F	Z	S	B	M
X	A	Q	I	J
O	R	U	N	K

X	O	I	G	Y
T	A	S	Z	D
U	C	F	N	Q
E	M	K	J	L
B	R	P	V	W

T	U	Q	Y	A
F	H	I	O	N
P	R	V	X	C
M	W	G	Z	L
S	E	D	B	K

Q	S	I	T	U
B	D	N	P	G
F	A	R	K	J
L	Y	E	W	H
O	C	Z	M	X

J	U	F	G	B
X	V	T	N	C
O	R	P	Y	S
H	W	Z	Q	L
D	E	A	M	K

E	J	S	L	O
P	H	C	D	B
Q	R	V	Y	T
M	F	N	W	Z
A	X	I	G	U

W	O	S	Q	A
D	H	X	B	J
Y	Z	I	E	V
P	C	T	K	L
U	M	N	F	G

P	V	Y	K	O
Z	W	C	X	S
H	F	L	E	G
N	U	A	J	T
R	I	Q	B	M

Q	X	S	I	C
G	W	V	H	N
K	R	M	O	L
D	Y	J	F	P
E	U	Z	T	A

O	S	A	J	M
B	E	K	W	N
L	H	G	Y	D
P	U	X	I	Q
Z	V	T	R	F

K	O	X	V	S
I	U	Q	A	Y
C	M	J	P	H
F	L	W	N	G
B	D	R	E	T

D	T	Q	Y	N
M	V	F	P	K
H	I	S	A	X
C	U	Z	E	G
J	W	B	L	R

G	Y	M	V	D
R	W	H	C	Q
F	X	N	L	Z
O	B	A	J	E
P	U	K	I	S

I	B	F	E	K
T	U	Y	A	Q
D	G	C	S	J
V	R	N	M	P
X	Z	H	O	W

E	V	A	R	M
C	Q	L	W	H
B	X	G	J	I
U	Y	S	P	F
K	Z	O	D	T

P	B	D	U	I
W	L	X	N	Y
Q	M	R	G	F
T	E	Z	K	H
C	O	V	J	S

M	G	N	H	Q
V	D	P	U	B
O	Y	J	A	E
X	T	W	I	Z
C	F	R	K	L

H	Q	C	W	N
E	I	Y	F	O
Z	B	T	K	A
P	L	J	G	M
S	V	X	D	R

Größer oder kleiner

Setze Zahlen von 1 bis 6 so in die leeren Felder ein, dass die Gleichungen schlüssig werden. Mehrere Lösungen sind dabei möglich. Übertrage danach die Zahlen in das untere Rechenfeld und addiere sie.

	=	3	<	5	=	
∨		=		∨		∨
2	<		=	3	<	4
=		∧		=		∨
2	<		>		=	
=		=		=		=
	<		>		=	

	+	3	+	5	+		=
+		+		+		+	
2	+		+	3	+	4	=
+		+		+		+	
2	+		+		+		=
+		+		+		+	
	+		+		+		=

Kreuzworträtsel

Trage die Wörter anhand der Zahlen in die Kästchen ein. Ob waagerecht oder senkrecht, das musst du selbst entscheiden.

ä = ae und ü = ue

Buchstabensalat

Hier hat sich das Wort AMPEL 42 Mal versteckt. Du kannst es senkrecht, waagerecht oder diagonal, aber auch vorwärts oder rückwärts lesen. Kannst du alle finden? Die nicht gebrauchten Felder ergeben von links nach rechts gelesen dann ein Sprichwort.

A	M	P	E	L	L	L	A	U	L	E	P	M	A
M	A	M	P	E	L	E	A	M	P	E	L	S	M
P	N	A	P	L	E	P	M	A	M	P	E	L	P
E	H	M	L	E	P	M	A	M	L	A	E	L	E
L	A	L	E	P	M	A	L	E	P	M	A	E	L
A	M	P	E	L	A	M	P	E	L	P	M	P	N
B	P	E	L	E	P	M	A	S	L	E	P	M	A
T	E	A	E	P	A	M	P	E	L	L	E	A	M
T	L	I	A	M	P	E	L	G	E	N	L	M	P
A	D	I	P	A	M	P	E	L	A	A	E	P	E
M	R	E	A	M	P	E	L	M	A	M	P	E	L
P	L	E	P	M	A	M	P	E	L	P	P	L	E
E	A	M	P	E	L	E	A	M	P	E	L	E	G
L	E	P	M	A	L	A	M	P	E	L	E	L	L

Stadt, Land, Fluss

Schreibe in jeden Kasten jeweils eine Stadt, ein Land und einen Fluss, beginnend mit dem vorgegebenen Buchstaben.

A msterdam,

M

H

Bilderrätsel

Wenn du das Bilderrätsel richtig löst, erhältst du den Namen eines Theaterstücks.

1

2

3

4

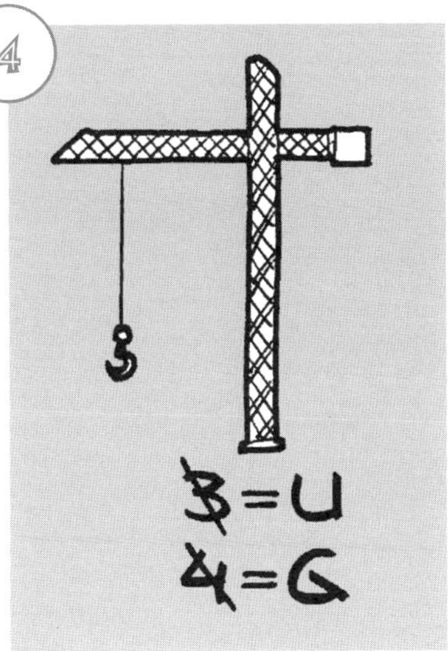

Rechenpyramiden

Zwei nebeneinander stehende Zahlen ergeben addiert
immer die darüber stehende Zahl.
Beispiel: 4 + 1 = 5.

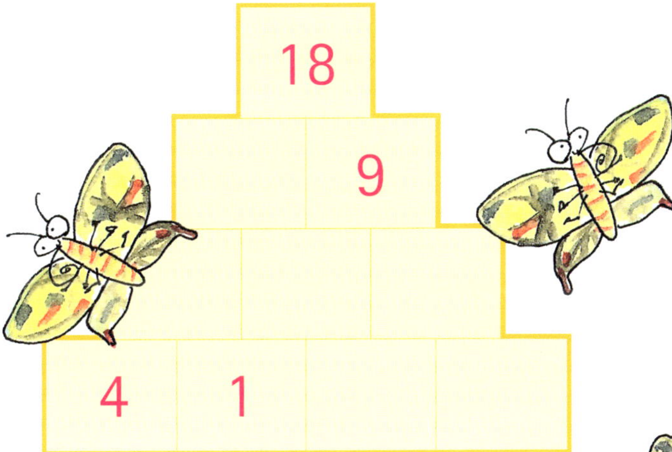

Sommersprossen

Finde heraus, welches der vier Mädchen nicht zu den anderen dreien passt.
Tipp: Schau mal nach, wie viele Perlen jedes Mädchen trägt (an Hals und Ohr), und wie viele Sommersprossen es hat.

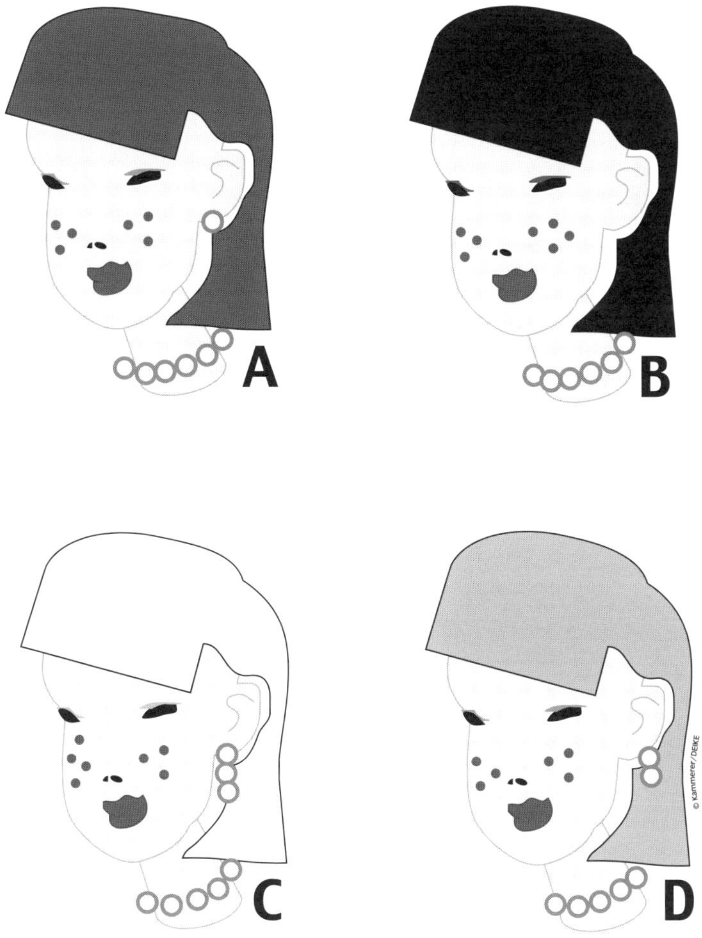

Veränderungsbild

Das untere Bild unterscheidet sich durch 6 Veränderungen von dem oberen.

Wort-Rad

Das Fragezeichen soll durch einen Buchstaben ersetzt werden, sodass ein sinnvoller achtbuchstabiger Begriff entsteht. An welcher Stelle das Wort beginnt und in welche Richtung (im oder gegen den Uhrzeigersinn) es läuft, musst du herausfinden.

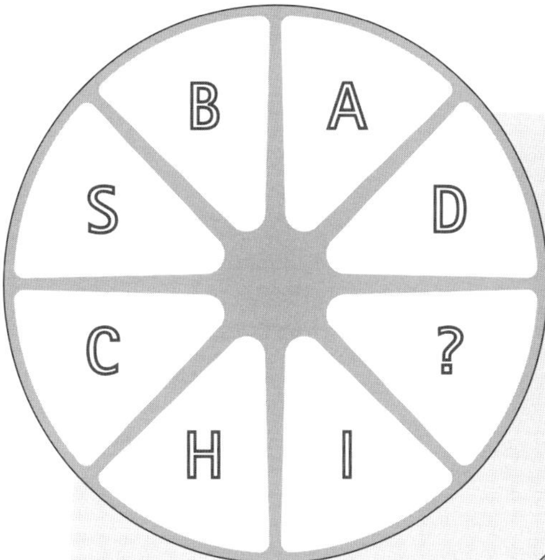

Einer fehlt

In jedem der 25 Kästchen fehlt ein Buchstabe aus dem Alphabet. Finde heraus, welcher das ist, und setze anschließend sämtliche fehlenden Buchstaben zu einem neuen Alphabet zusammen. Welcher fehlt jetzt?

H	E	T	D	J
F	Q	W	I	M
B	X	C	A	P
G	L	K	R	V
U	Z	N	Y	S

I	Q	J	R	X
S	H	V	M	B
O	P	C	D	F
L	W	G	K	U
T	E	A	Y	Z

E	A	O	F	T
M	D	L	I	R
H	N	Y	P	G
V	C	K	W	X
B	U	J	Z	S

Q	Z	L	I	X
A	J	W	V	R
C	N	F	U	Y
P	K	O	B	E
D	S	M	G	T

T	B	S	X	A
O	W	H	N	P
M	U	D	V	Q
J	I	Z	R	Y
K	G	E	L	F

W	O	J	C	X
U	S	M	H	K
A	B	Q	G	Y
R	F	T	E	P
N	V	L	Z	I

I	F	O	H	L
M	A	J	R	B
U	V	E	C	D
T	K	X	P	S
G	W	N	Q	Y

G	U	M	J	E
B	R	Q	Y	O
T	Z	W	F	I
L	D	A	H	S
P	C	N	X	K

O	F	Z	Q	J
L	U	C	B	M
V	Y	N	T	P
H	E	S	A	W
R	D	I	K	G

H	A	V	Z	R
D	T	N	J	B
G	O	I	C	Q
K	S	E	M	X
F	L	W	U	P

T	O	Y	N	E
A	H	F	W	J
B	P	K	L	V
Q	I	S	D	C
G	X	Z	R	U

K	X	R	O	M
G	D	Y	N	L
H	Z	C	P	I
B	T	Q	V	J
E	U	F	W	S

R	T	E	G	Z
L	D	H	I	J
F	Y	W	B	K
V	P	M	Q	N
X	U	O	A	C

G	Z	C	E	L
Q	D	W	M	A
K	T	F	V	B
H	R	P	Y	N
I	U	X	S	O

K	V	C	R	B
N	L	G	O	T
I	S	Y	J	A
X	P	M	U	H
Z	F	Q	D	W

W	G	L	U	O
J	Q	F	H	N
C	K	A	S	Y
D	B	T	P	Z
I	M	E	V	X

K	I	A	U	G
Y	Q	J	R	D
W	V	N	Z	S
H	X	E	M	P
O	B	L	T	C

U	K	M	Q	V
W	S	P	O	G
H	I	N	E	J
Y	L	X	F	R
C	Z	A	D	T

N	H	I	U	M
B	S	L	Q	J
C	T	F	R	W
E	Z	X	Y	O
V	K	D	P	A

C	W	M	Y	J
I	O	R	S	G
F	X	V	Q	Z
H	P	B	K	D
U	L	N	A	E

B	D	X	P	V
F	S	J	E	L
K	W	M	O	Z
G	R	N	Y	C
H	T	Q	A	U

P	S	M	Q	Y
K	V	H	C	G
W	O	B	Z	L
D	E	F	R	X
A	J	T	N	I

T	C	B	O	Z
P	S	I	X	E
N	F	J	V	H
Q	G	A	R	M
U	D	Y	K	L

R	Q	K	Z	D
N	I	A	J	B
O	T	C	X	H
L	M	V	E	W
G	U	F	S	Y

P	M	C	U	H
I	D	F	Y	Z
Q	K	E	B	W
A	O	R	X	T
N	V	J	G	S

Größer oder kleiner

Setze Zahlen von 1 bis 6 so in die leeren Felder ein, dass die Gleichungen schlüssig werden. Mehrere Lösungen sind dabei möglich. Übertrage danach die Zahlen in das untere Rechenfeld und addiere sie.

	>		>		>	2
v		=		∧		∧
	=		=	4	=	
∧		=		v		=
	>	4	>		<	4
v		∧		∧		v
	=	5	>	4	>	

	+		+		+	2	=
+		+		+		+	
	+		+	4	+		=
+		+		+		+	
	+	4	+		+	4	=
+		+		+		+	
	+	5	+	4	+		=

Kreuzworträtsel

Trage die Wörter anhand der Zahlen in die Kästchen ein. Ob waagerecht oder senkrecht, das musst du selbst entscheiden.

ü = ue und ö = oe

Buchstabensalat

Hier hat sich das Wort RITTER 40 Mal versteckt. Du kannst es senkrecht, waagerecht oder diagonal, aber auch vorwärts oder rückwärts lesen. Kannst du alle finden? Die nicht gebrauchten Felder ergeben von links nach rechts gelesen dann ein Sprichwort.

R	I	T	T	E	R	W	E	R	E	T	T	I	R
I	R	N	I	I	E	R	E	T	T	I	R	C	H
T	T	H	T	O	T	E	R	I	T	T	E	R	E
T	R	T	R	I	T	T	E	R	I	T	T	E	R
E	E	E	I	N	I	T	T	I	W	I	L	T	I
R	I	T	T	E	R	I	T	T	E	R	L	T	T
I	R	E	T	T	I	R	I	T	T	E	R	I	T
T	M	R	E	T	T	I	R	E	T	T	I	R	E
T	U	R	R	S	T	T	E	R	I	T	T	E	R
E	S	I	I	R	E	T	T	I	R	I	T	T	E
R	I	T	T	E	R	E	T	T	I	R	E	T	T
R	I	T	T	E	R	R	I	T	T	E	R	I	T
F	U	E	E	E	H	L	R	E	T	T	I	R	I
E	N	R	R	I	T	T	E	R	I	T	T	E	R

Stadt, Land, Fluss

Schreibe in jeden Kasten jeweils ein Tier, einen Namen und einen Beruf, beginnend mit dem vorgegebenen Buchstaben.

D

B

S

Bilderrätsel

Wenn du das Bilderrätsel richtig löst, erhältst du den Namen eines Krimis.

1

2

3

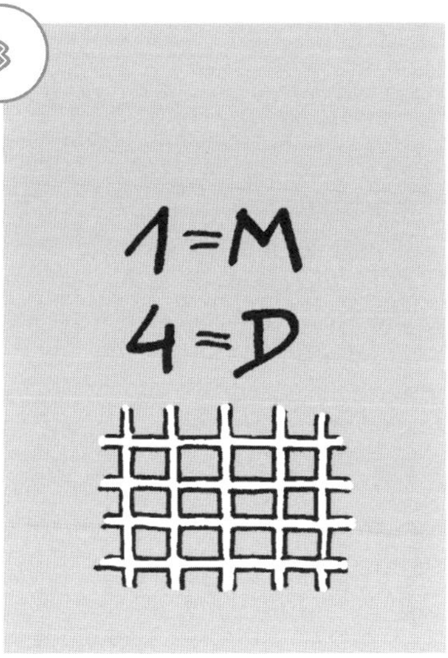

4

Rechenpyramiden

Zwei nebeneinander stehende Zahlen ergeben addiert
immer die darüber stehende Zahl.
Beispiel: 2 + 3 = 5.

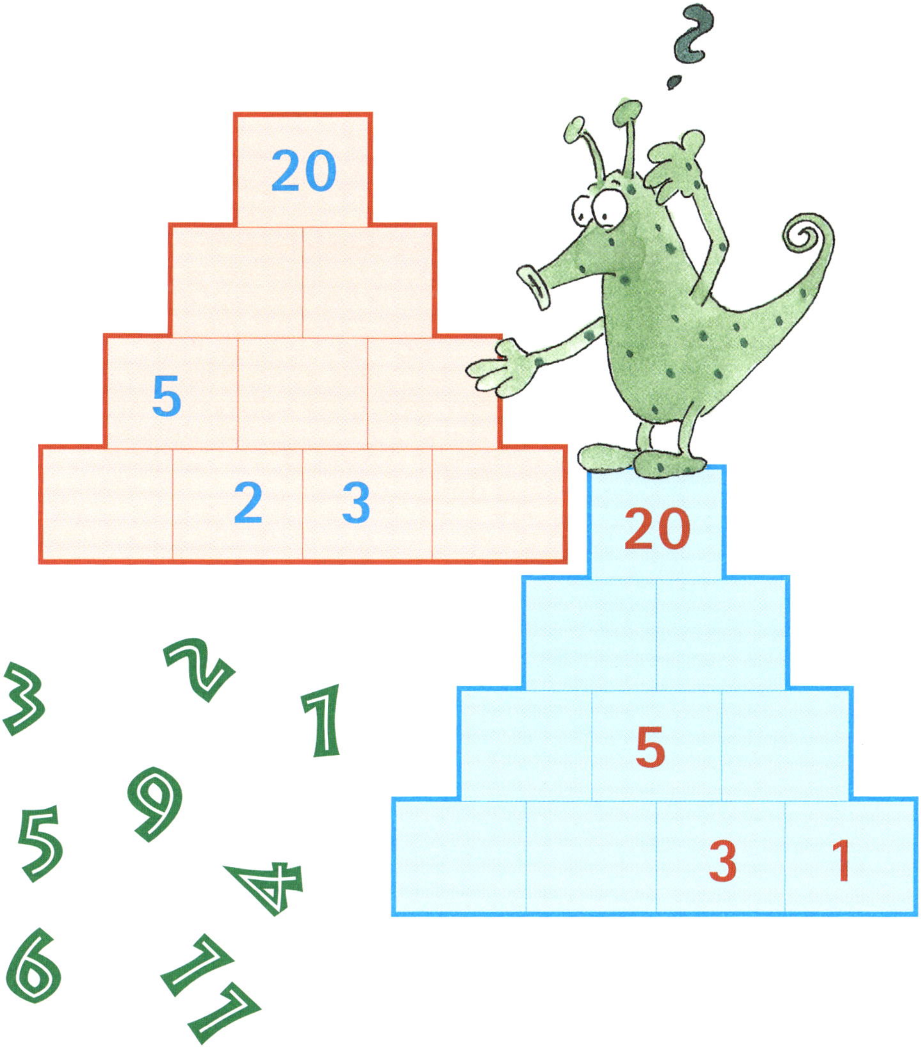

Babysprache

Verstehst du vielleicht, was die vier Babys dir mitzuteilen versuchen?
Etwas knobeln musst du natürlich schon.

Bubufflubbiluta!

Mugglbammaluggllutablub!

Wumlumumuda!

Wumlutablulalubbulub!

a – **bu**
b – ba
c – **ma**
d – mu
e – **lu**
f – la
g – **bi**
h – bub
i – **bam**
j – bum
k – **luggl**
l – tab
m – **tabba**
n – lub
o – **lubbu**
p – mi
q – **mub**
r – ta
s – **tu**
t – wum
u – **uff**
v – boi
w – **muggl**
x – fubb
y – **da**
z – cha

Veränderungsbild

Das untere Bild unterscheidet sich durch 6 Veränderungen von dem oberen.

Wort-Rad

Das Fragezeichen soll durch einen Buchstaben ersetzt werden, sodass ein sinnvoller achtbuchstabiger Begriff entsteht. An welcher Stelle das Wort beginnt und in welche Richtung (im oder gegen den Uhrzeigersinn) es läuft, musst du herausfinden.

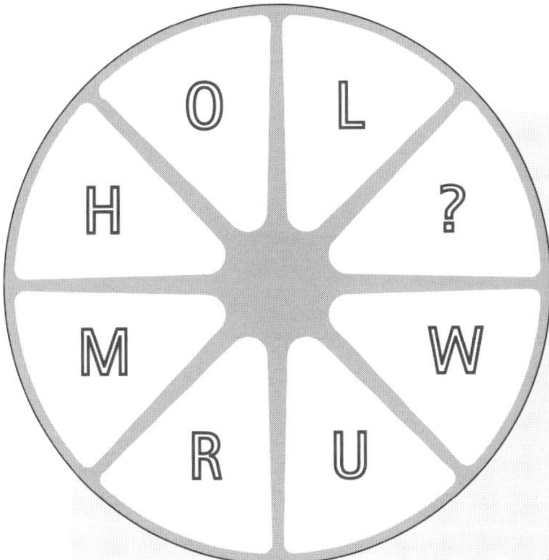

Einer fehlt

In jedem der 25 Kästchen fehlt ein Buchstabe aus dem Alphabet. Finde heraus, welcher das ist, und setze anschließend sämtliche fehlenden Buchstaben zu einem neuen Alphabet zusammen. Welcher fehlt jetzt?

W	I	L	R	B
Q	P	K	H	S
Y	A	T	U	D
J	V	X	E	M
F	Z	G	C	O

E	S	R	P	I
G	L	M	H	U
X	J	F	Z	B
D	C	A	W	T
Y	N	O	Q	V

F	A	K	G	S
E	O	D	X	V
M	J	W	N	H
I	Y	R	U	P
T	Z	Q	L	C

F	J	A	D	R
L	I	Z	P	S
U	X	Q	O	N
G	T	B	M	W
K	C	Y	V	H

D	F	Q	H	G
J	V	U	Z	Y
T	A	I	B	W
P	E	N	L	K
S	R	M	X	C

F	V	C	M	U
B	Z	P	J	L
T	I	E	D	Q
K	O	H	Y	G
W	A	N	S	X

G	J	N	H	K
B	V	Q	S	F
E	R	O	M	A
C	W	P	I	U
T	L	X	Y	D

U	S	V	J	Z
D	C	I	P	E
G	O	Y	T	A
X	W	L	Q	B
H	N	K	M	R

E	M	X	Z	H
B	P	U	G	S
N	D	O	L	Q
K	Y	F	A	J
V	R	W	T	I

W	A	B	Y	J
I	S	D	M	N
H	V	P	F	Q
C	L	K	O	Z
G	X	E	R	U

I	Q	P	G	J
X	Z	N	O	M
K	H	S	L	B
U	F	T	A	Y
E	W	R	D	C

A	N	S	L	H
T	W	G	K	U
C	I	P	M	O
D	R	Q	B	J
V	X	Z	F	E

U	D	J	Y	S
Z	K	H	W	T
E	X	A	G	R
L	B	I	V	P
N	F	C	M	O

R	F	S	Q	I
J	T	G	E	V
M	A	N	Y	O
U	K	H	B	P
C	X	Z	W	L

L	F	R	V	O
C	Q	P	B	N
S	G	X	J	E
W	Z	I	Y	A
T	H	U	K	D

L	Z	P	K	V
B	T	H	U	R
W	M	A	D	Y
G	X	C	F	E
S	Q	O	N	J

D	S	Z	C	L
X	U	Q	K	T
R	M	V	Y	O
W	G	P	I	B
A	E	F	N	H

E	D	K	R	V
F	A	L	Y	H
G	P	J	B	W
T	C	O	X	Z
N	I	S	Q	M

S	J	K	Q	Y
M	E	O	F	B
L	P	Z	U	G
A	T	I	N	R
D	H	X	V	C

W	E	M	V	T
D	J	C	Q	Y
X	F	R	G	B
K	P	Z	I	H
U	N	A	O	L

F	B	R	Q	Y
K	C	X	I	J
U	L	Z	M	S
W	T	D	G	N
A	H	V	O	E

I	M	V	T	K
U	N	H	J	R
Y	S	O	Q	G
D	Z	W	F	X
P	E	C	B	L

W	L	D	V	E
Z	G	Y	C	J
B	M	U	O	P
R	Q	S	I	F
T	N	A	K	X

B	V	H	A	C
J	O	D	E	W
R	Y	F	P	G
Q	N	K	T	S
U	I	L	M	Z

O	Y	Q	K	P
N	J	U	V	T
I	Z	B	C	F
W	X	H	M	E
D	R	G	A	S

Größer oder kleiner

Setze Zahlen von 1 bis 6 so in die leeren Felder ein, dass die Gleichungen schlüssig werden. Mehrere Lösungen sind dabei möglich. Übertrage danach die Zahlen in das untere Rechenfeld und addiere sie.

	=	3	>		<	5
=		∨		∧		∨
	>		<		>	3
=		=		=		=
3	>	2	<		>	3
∧		=		∨		∧
	>		<		<	

	+	3	+		+	5	=
+		+		+		+	
	+		+		+	3	=
+		+		+		+	
3	+	2	+		+	3	=
+		+		+		+	
	+		+		+		=

Kreuzworträtsel

Trage die Wörter anhand der Zahlen in die Kästchen ein. Ob waagerecht oder senkrecht, das musst du selbst entscheiden.

Buchstabensalat

Hier hat sich das Wort FROSCH 35 Mal versteckt. Du kannst es senkrecht, waagrecht oder diagonal, aber auch vorwärts oder rückwärts lesen. Kannst du alle finden? Die nicht gebrauchten Felder ergeben von links nach rechts gelesen dann ein Sprichwort.

F	R	O	S	C	H	C	S	O	R	F	E	I	N
R	B	I	S	H	C	S	O	R	F	R	F	S	C
O	H	F	H	E	S	F	H	C	S	O	R	F	N
S	Z	R	C	U	O	R	S	H	C	S	O	R	F
C	H	O	S	F	R	O	S	C	H	C	S	O	R
H	C	S	O	R	F	S	P	H	C	H	C	S	O
A	S	C	R	O	E	C	H	C	S	T	H	C	S
I	O	H	F	S	S	H	C	S	O	R	F	H	C
F	R	O	S	C	H	C	S	O	R	T	H	C	H
R	F	O	F	H	C	S	O	R	F	C	T	S	C
O	V	I	E	L	S	O	R	F	S	Z	U	O	S
S	S	H	C	S	O	R	F	O	P	A	E	R	O
C	H	C	S	O	R	F	R	O	S	C	H	F	R
H	C	S	O	R	F	F	R	O	S	C	H	T	F

Stadt, Land, Fluss

Schreibe in jeden Kasten jeweils eine Stadt, ein Land und einen Fluss, beginnend mit dem vorgegebenen Buchstaben.

F

S

O

Bilderrätsel

Wenn du das Bilderrätsel richtig löst, erhältst du ein anderes Wort für Benzin.

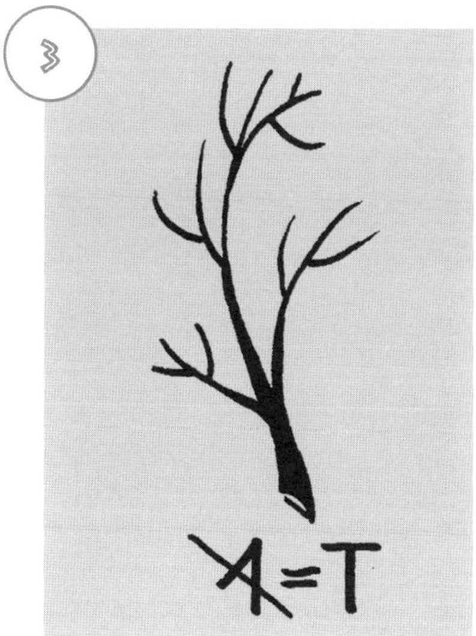

Rechenpyramiden

Zwei nebeneinander stehende Zahlen ergeben addiert
immer die darüber stehende Zahl.
Beispiel: 2 + 3 = 5.

			24			
			7			
2		3				

			20			
		8				
2		1				

Kreisveränderung

In jeder Zeile werden die drei Kreise von links nach rechts auf dieselbe Weise verändert. Findest du heraus, auf welche Weise, und kannst du das fehlende Kreisbild ergänzen?

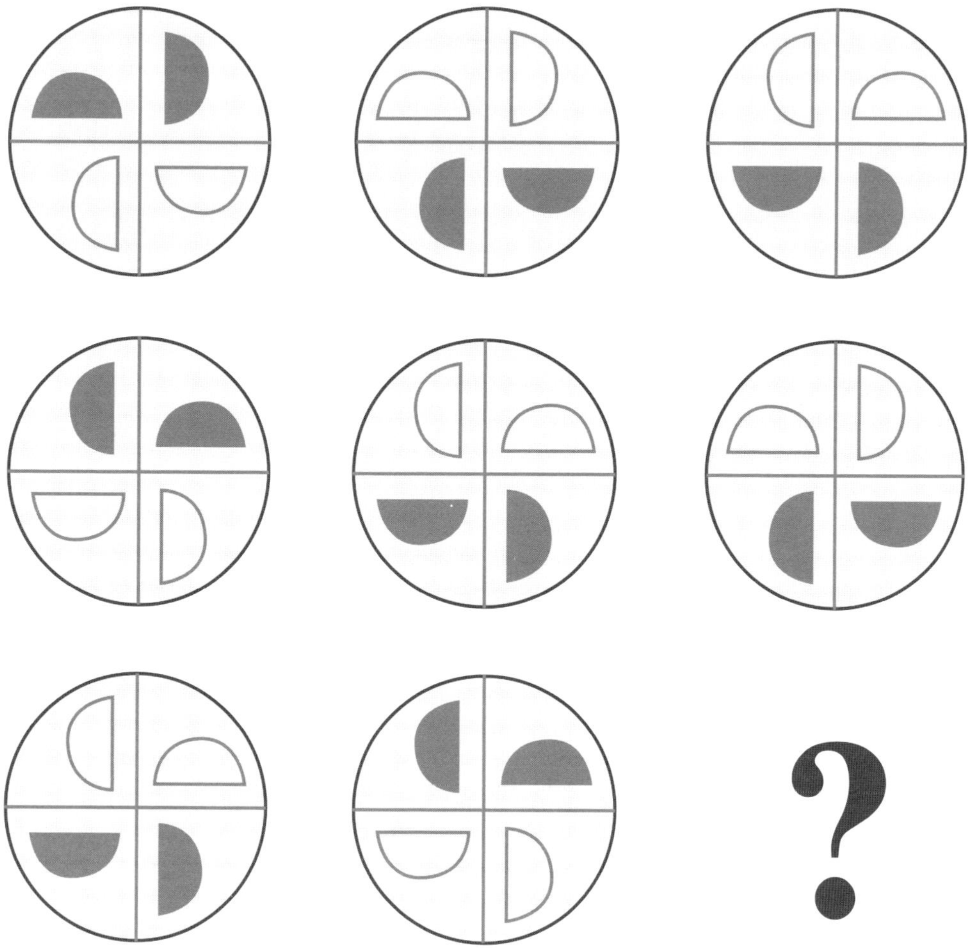

Veränderungsbild

Das untere Bild unterscheidet sich durch 6 Veränderungen von dem oberen.

Wort-Rad

Das Fragezeichen soll durch einen Buchstaben ersetzt werden, sodass ein sinnvoller achtbuchstabiger Begriff entsteht. An welcher Stelle das Wort beginnt und in welche Richtung (im oder gegen den Uhrzeigersinn) es läuft, musst du herausfinden.

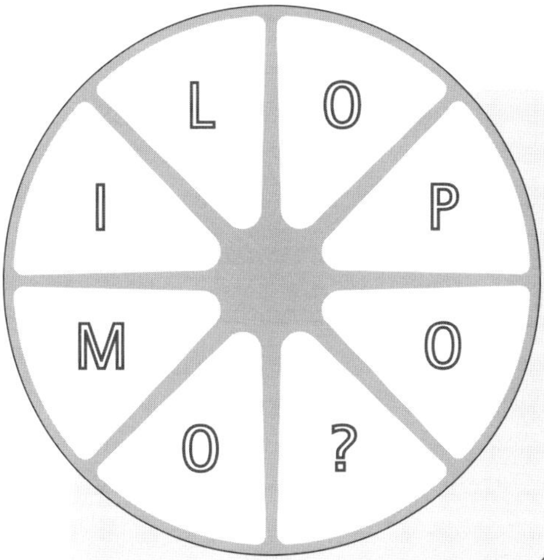

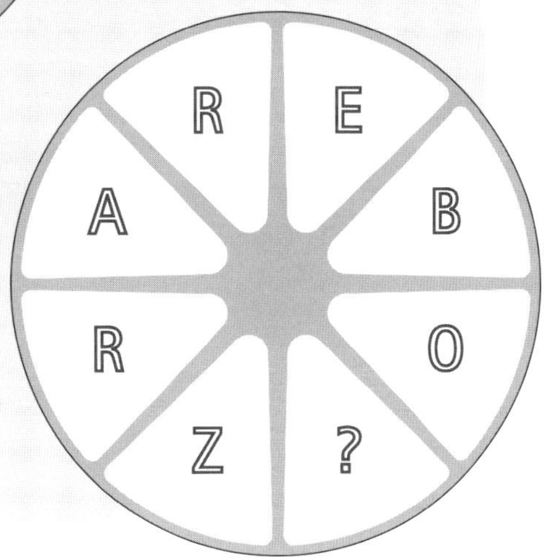

Einer fehlt

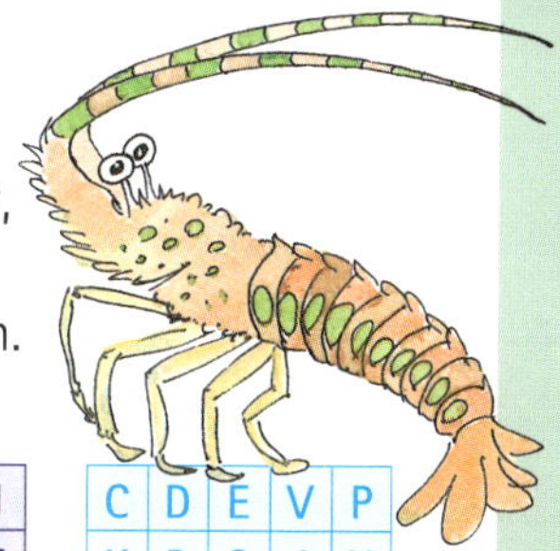

In jedem der 25 Kästchen fehlt ein Buchstabe aus dem Alphabet. Finde heraus, welcher das ist, und setze anschließend sämtliche fehlenden Buchstaben zu einem neuen Alphabet zusammen. Welcher fehlt jetzt?

J	Z	G	V	L
U	X	Y	C	M
P	D	W	A	K
E	T	Q	B	I
R	S	F	H	N

J	I	H	Y	O
R	L	Q	W	N
X	P	G	C	K
U	B	V	A	D
M	Z	E	S	F

L	H	K	P	Q
W	I	B	N	C
G	D	M	E	A
V	Y	Z	T	R
O	X	J	S	U

W	P	Z	S	J
H	I	V	N	F
A	M	R	Y	L
G	D	O	K	Q
T	B	C	X	E

C	D	E	V	P
K	B	G	J	H
X	O	Q	R	Y
A	W	Z	N	L
T	M	S	F	U

Y	S	X	C	Q
N	I	R	G	J
V	U	M	P	W
T	L	D	A	E
H	B	F	K	O

T	H	J	Q	R
C	V	O	M	B
U	W	Z	N	A
L	Y	I	K	D
S	P	F	G	E

I	E	N	X	M
A	C	B	V	D
O	H	W	Z	J
L	F	K	S	Y
P	U	T	R	Q

J	F	P	X	Q
M	N	G	D	S
R	E	B	U	A
O	Y	T	C	K
H	V	W	Z	I

Z	L	D	J	P
V	G	O	A	X
I	M	Y	T	U
W	B	E	F	R
C	K	N	Q	S

H	K	F	C	Q
X	O	M	J	U
L	Z	Y	N	T
G	W	R	A	D
B	S	E	P	I

T	Y	I	M	L
Z	P	J	U	B
X	N	O	A	G
K	C	R	H	Q
V	D	F	W	E

K	E	A	M	L
Y	P	Z	X	D
J	F	V	W	N
U	O	S	T	H
I	G	B	C	R

T	P	U	S	O
R	B	F	E	C
Q	L	Z	A	K
I	Y	V	M	N
J	G	X	H	D

L	A	O	V	S
F	D	U	P	K
T	J	I	H	M
X	Y	Q	E	C
Z	B	N	W	G

V	D	S	I	Q
F	L	O	B	Y
E	X	C	Z	N
J	P	W	H	G
T	R	U	A	M

J	B	V	H	X
Z	P	L	S	A
R	T	Q	M	F
K	D	U	W	I
N	G	C	O	E

A	X	D	C	Q
E	G	K	S	F
J	W	P	R	L
N	H	B	V	T
U	O	Y	Z	I

L	C	O	W	S
V	X	N	D	T
I	Q	J	G	P
Y	E	H	K	B
Z	R	F	U	M

C	V	A	Y	U
D	L	M	K	P
Z	R	T	N	X
W	H	S	Q	G
O	I	E	B	F

V	K	U	J	Q
A	I	L	E	X
F	G	H	W	Z
S	R	N	Y	B
T	P	O	D	M

Q	J	M	O	F
D	L	Z	C	V
B	T	U	E	G
Y	N	H	R	I
X	K	A	W	S

E	Y	M	H	A
S	P	C	X	F
Z	L	T	I	V
K	Q	G	J	R
W	U	D	O	N

L	P	G	M	Z
F	Q	J	C	B
X	T	A	V	K
U	H	W	S	N
I	E	O	Y	R

F	R	O	X	T
L	W	B	A	U
N	D	P	Y	V
H	Q	M	G	Z
I	C	K	J	S

Größer oder kleiner

Setze Zahlen von 1 bis 6 so in die leeren Felder ein, dass die Gleichungen schlüssig werden. Mehrere Lösungen sind dabei möglich. Übertrage danach die Zahlen in das untere Rechenfeld und addiere sie.

	<	5	=		=	5
∧		∧		∨		∨
	<		>		<	
∧		=		=		∨
	=		>		=	3
∨		∨		∧		∧
5	>	4	<	5	>	

	+	5	+		+	5	=
+		+		+		+	
	+		+		+		=
+		+		+		+	
	+		+		+	3	=
+		+		+		+	
5	+	4	+	5	+		=

Kreuzworträtsel

Trage die Wörter anhand der Zahlen in die Kästchen ein. Ob waagerecht oder senkrecht, das musst du selbst entscheiden

Buchstabensalat

Hier hat sich das Wort MAUS 65 Mal versteckt. Du kannst es senkrecht, waagerecht oder diagonal, aber auch vorwärts oder rückwärts lesen. Kannst du alle finden? Die nicht gebrauchten Felder ergeben von links nach rechts gelesen dann ein Sprichwort.

M	A	U	S	U	A	M	A	U	S	U	A	M	M
A	E	S	U	I	S	T	M	A	U	S	G	A	S
U	U	M	A	U	S	T	S	M	A	E	U	U	U
S	M	M	M	I	U	U	U	A	M	S	N	S	A
E	S	A	S	U	A	M	A	U	S	S	U	A	M
N	U	U	U	M	M	M	M	S	M	S	U	A	M
S	A	S	M	S	A	A	M	A	U	S	U	A	M
F	M	A	M	R	U	U	U	A	E	S	U	A	M
U	U	M	A	U	S	S	M	S	N	S	U	A	M
S	M	S	U	A	M	A	U	S	S	U	A	M	M
M	A	U	S	S	M	A	U	S	U	A	M	A	D
A	U	S	U	A	M	A	S	U	A	M	A	U	S
U	S	A	Z	U	M	H	A	A	M	A	U	S	B
S	M	A	U	S	S	U	A	M	A	U	S	E	N

Stadt, Land, Fluss

Schreibe in jeden Kasten jeweils ein Tier, einen Namen und einen Beruf, beginnend mit dem vorgegebenen Buchstaben.

I

A

H

Bilderrätsel

Wenn du das Bilderrätsel richtig löst, erhältst du einen Platz, der Vierbeinern Obdach bietet.

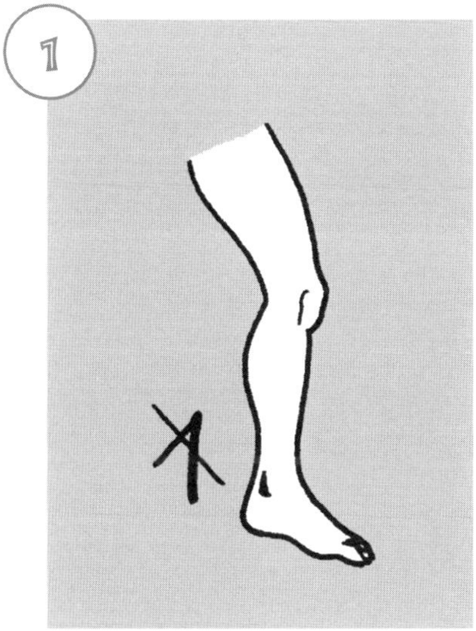

Rechenpyramiden

Zwei nebeneinander stehende Zahlen ergeben addiert
immer die darüber stehende Zahl.
Beispiel: 2 + 3 = 5.

	18		
		3	
2	3		

	16		
4			
		1	3

Trauben

Eine Traube unterscheidet sich von den anderen.

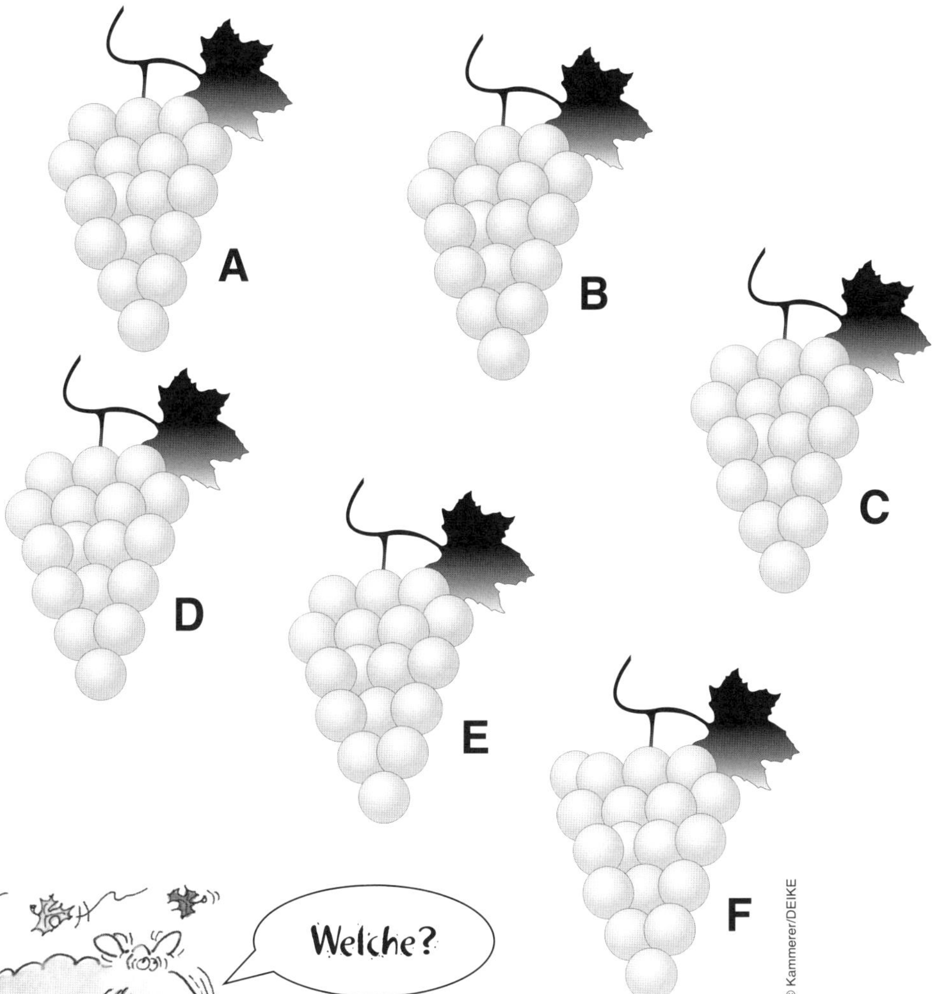

Veränderungsbild

Das untere Bild unterscheidet sich durch 6 Veränderungen von dem oberen.

Wort-Rad

Das Fragezeichen soll durch einen Buchstaben ersetzt werden, sodass ein sinnvoller achtbuchstabiger Begriff entsteht. An welcher Stelle das Wort beginnt und in welche Richtung (im oder gegen den Uhrzeigersinn) es läuft, musst du herausfinden.

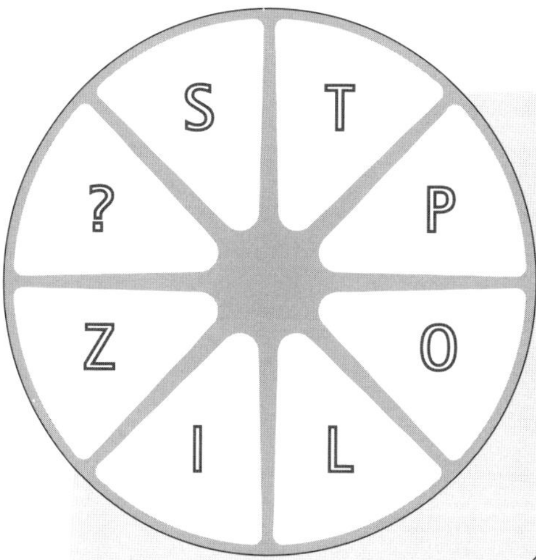

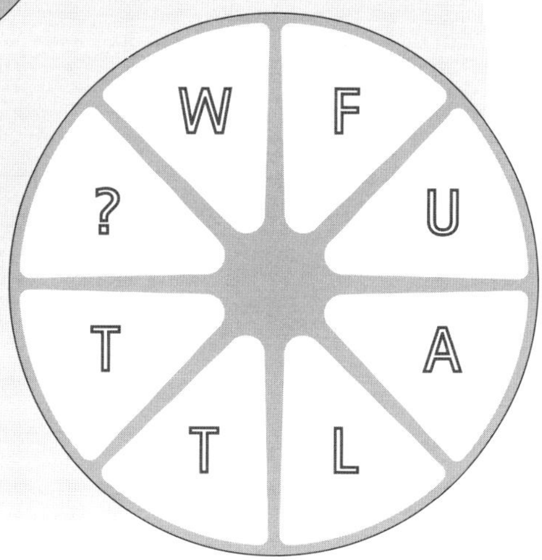

Einer fehlt

In jedem der 25 Kästchen fehlt ein Buchstabe aus dem Alphabet. Finde heraus, welcher das ist, und setze anschließend sämtliche fehlenden Buchstaben zu einem neuen Alphabet zusammen. Welcher fehlt jetzt?

W	C	O	L	B
G	M	A	P	Q
T	S	F	Z	D
H	N	U	E	V
J	R	Y	I	K

Y	U	V	P	A
X	B	S	H	Q
M	T	W	K	G
J	D	Z	E	I
L	R	C	N	F

L	D	K	E	W
F	V	N	X	O
Y	C	Z	M	G
U	Q	I	T	R
A	J	H	P	B

G	R	X	I	M
F	S	L	K	Z
D	U	O	T	W
V	P	N	A	B
H	C	Q	J	E

D	L	E	T	W
K	Y	P	S	B
Z	U	M	H	C
N	V	X	A	Q
O	I	G	F	J

Y	O	A	S	H
V	K	B	T	X
D	N	R	P	E
I	J	U	G	M
W	L	Z	F	C

Z	K	U	H	V
A	O	C	S	R
M	Q	G	F	N
W	Y	D	T	L
P	E	X	B	I

W	M	B	V	N
C	K	X	Q	U
Y	A	O	E	R
T	G	S	L	J
H	Z	P	D	I

T	X	M	R	B
D	J	U	H	N
Q	C	E	W	G
P	I	A	V	F
K	Y	Z	O	S

Q	X	I	A	R
P	Z	M	O	C
B	S	T	U	J
W	E	G	K	F
L	D	H	Y	V

V	C	J	P	S
Z	W	Y	G	E
M	I	L	T	Q
X	H	O	R	F
U	A	B	K	N

N	A	X	R	U
K	Y	O	T	W
S	V	H	L	B
F	C	M	G	I
J	D	E	Q	Z

F	T	S	P	V
B	M	A	H	Z
X	L	G	J	Q
O	N	E	C	I
D	R	W	Y	K

R	K	Z	M	V
D	E	B	O	Q
C	I	A	W	S
P	T	Y	J	X
F	N	U	H	L

E	S	R	G	I
L	X	F	U	Y
O	Q	W	A	V
Z	H	K	N	T
C	D	J	B	P

V	L	Z	B	Q
N	W	D	O	A
U	R	I	Y	G
F	M	J	T	H
E	X	K	S	P

N	E	L	A	P
J	W	V	H	R
G	Z	K	M	U
I	C	O	Q	F
Y	T	S	D	X

M	V	R	P	W
E	Q	O	T	I
L	N	H	J	U
G	F	K	A	D
B	S	Y	C	X

Y	J	V	I	B
P	K	Q	M	L
D	F	R	G	C
W	N	S	E	O
X	T	Z	H	U

C	B	K	S	F
I	Y	M	T	P
A	W	D	U	Q
G	Z	R	L	X
H	N	O	J	E

Q	Z	O	C	P
L	J	F	H	I
W	B	M	N	D
R	T	Y	X	V
U	G	S	K	A

M	J	P	H	R
S	T	Q	L	N
K	I	F	Z	V
Y	B	A	U	E
X	D	C	G	O

N	C	T	V	Q
E	D	K	J	L
F	R	O	I	Y
P	A	B	S	G
Z	U	M	X	W

D	B	Q	I	O
L	G	Y	Z	T
C	W	X	H	S
M	V	R	P	E
N	U	J	A	F

J	D	G	S	F
L	Y	A	O	V
B	X	W	R	N
T	P	C	U	E
H	Q	Z	K	M

Größer oder kleiner

Setze Zahlen von 1 bis 6 so in die leeren Felder ein, dass die Gleichungen schlüssig werden. Mehrere Lösungen sind dabei möglich. Übertrage danach die Zahlen in das untere Rechenfeld und addiere sie.

	>		>		<	
v		=		=		∧
5	>		>	2	<	5
v		=		∧		=
4	>		<		<	5
∧		=		v		v
5	>		>		<	

	+		+		+		=
+		+		+		+	
5	+		+	2	+	5	=
+		+		+		+	
4	+		+		+	5	=
+		+		+		+	
5	+		+		+		=

Kreuzworträtsel

Trage die Wörter anhand der Zahlen in die Kästchen ein. Ob waagerecht oder senkrecht, das musst du selbst entscheiden.
ü = ue und ä = ae

Buchstabensalat

Hier hat sich das Wort BREZEL 35 Mal versteckt. Du kannst es senkrecht oder waagerecht, aber auch vorwärts oder rückwärts lesen. Kannst du alle finden? Die nicht gebrauchten Felder ergeben von links nach rechts gelesen dann ein Sprichwort.

B	R	E	Z	E	L	E	Z	E	R	B	A	L	B
R	B	R	E	Z	E	L	E	Z	E	R	B	L	R
E	E	B	R	E	Z	E	L	E	Z	E	R	B	E
Z	W	R	E	L	E	Z	E	R	B	Z	E	R	Z
E	L	E	G	B	R	E	Z	E	L	E	Z	E	E
L	E	Z	E	R	B	R	E	Z	E	L	E	Z	L
E	Z	E	B	F	U	B	E	H	L	E	L	E	R
E	E	L	B	R	E	Z	E	L	E	Z	E	L	N
B	R	E	Z	E	L	N	A	B	Z	E	Z	E	L
R	B	R	E	Z	E	L	C	R	E	R	E	Z	E
E	B	R	E	Z	E	L	H	E	R	B	R	E	Z
Z	R	B	R	E	Z	E	L	Z	B	O	B	R	E
E	B	R	E	Z	E	L	L	E	Z	E	R	B	R
L	B	R	E	Z	E	L	M	L	E	Z	E	R	B

Stadt, Land, Fluss

Schreibe in jeden Kasten jeweils eine Stadt, ein Land und einen Fluss, beginnend mit dem vorgegebenen Buchstaben.

T

K

N

Bilderrätsel

Die Lösung des Bilderrätsels zeigt an, ob es bald regnet.

Rechenpyramiden

Zwei nebeneinander stehende Zahlen ergeben addiert
immer die darüber stehende Zahl.
Beispiel: 4 + 2 = 6.

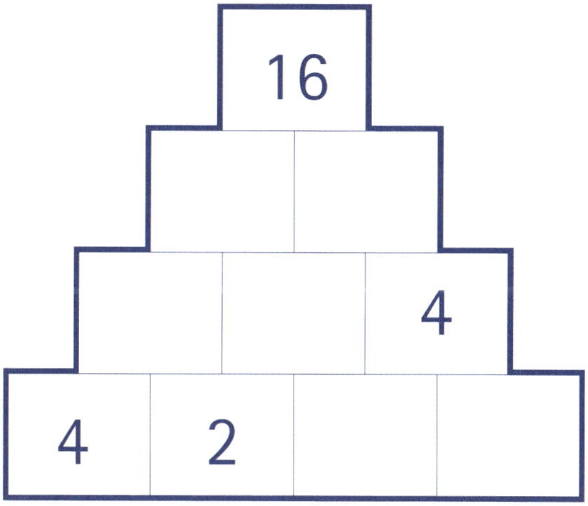

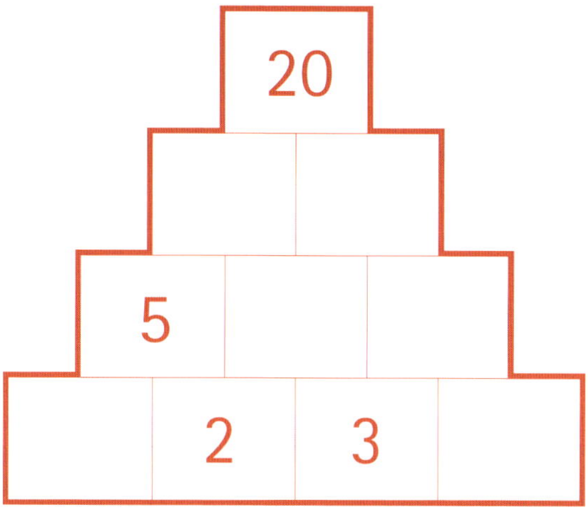

Kürbisse

Welche beiden Kürbisbilder sind genau gleich?

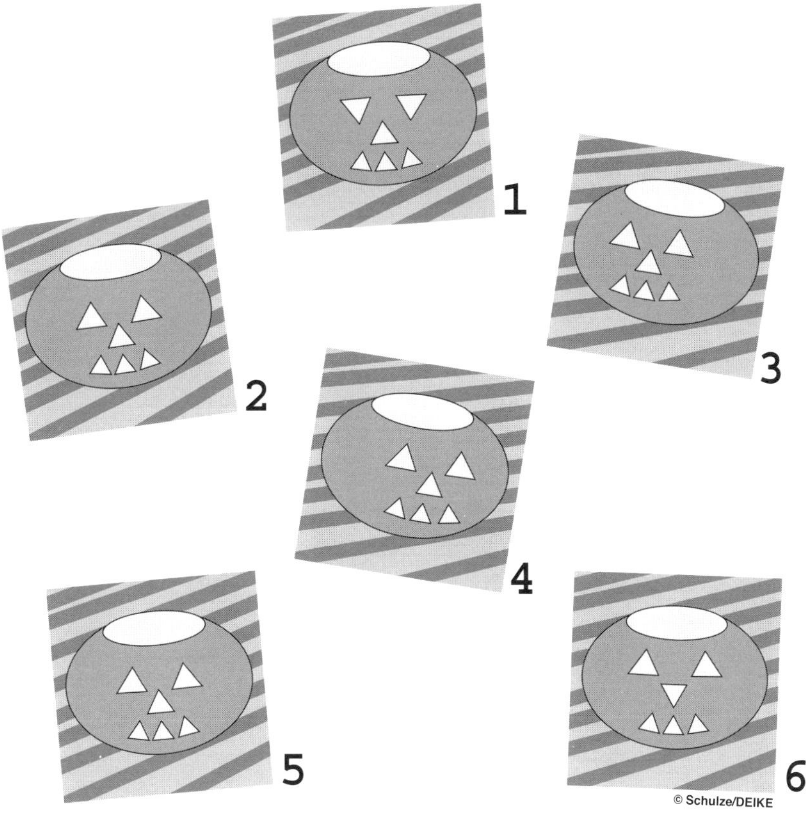

Veränderungsbild

Das untere Bild unterscheidet sich durch 6 Veränderungen von dem oberen.

Wort-Rad

Das Fragezeichen soll durch einen Buchstaben ersetzt werden, sodass ein sinnvoller achtbuchstabiger Begriff entsteht. An welcher Stelle das Wort beginnt und in welche Richtung (im oder gegen den Uhrzeigersinn) es läuft, musst du herausfinden.

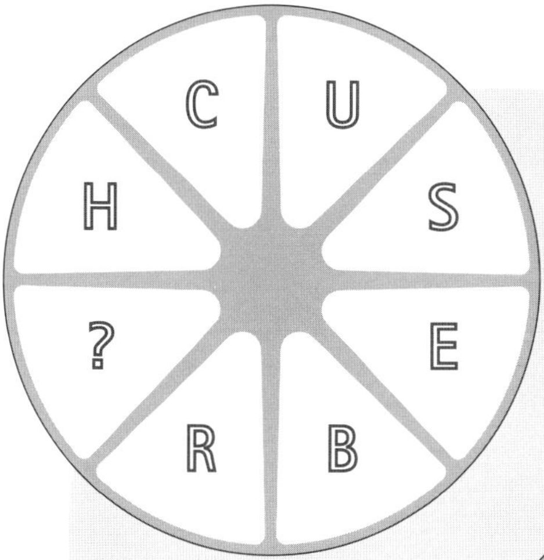

Einer fehlt

In jedem der 25 Kästchen fehlt ein Buchstabe aus dem Alphabet. Finde heraus, welcher das ist, und setze anschließend sämtliche fehlenden Buchstaben zu einem neuen Alphabet zusammen. Welcher fehlt jetzt?

S	B	J	X	O
E	C	L	K	I
Q	H	U	W	A
D	Z	V	M	N
P	Y	G	R	T

N	A	C	Y	I
B	Z	O	U	S
Q	G	K	L	X
M	P	T	W	R
D	E	H	J	F

F	T	B	C	S
U	P	A	X	Z
K	Q	V	J	L
R	M	Y	E	I
H	G	W	D	N

D	T	O	V	L
B	E	W	I	P
A	Y	F	C	H
U	K	N	R	Z
M	S	J	Q	G

Z	J	G	X	Q
S	U	B	K	I
F	N	M	L	V
P	C	E	W	D
H	O	Y	R	A

J	P	Y	V	O
R	B	C	G	H
I	E	Z	M	F
X	D	K	W	Q
U	L	T	A	N

Q	K	D	E	C
P	M	R	W	U
S	T	J	O	L
A	I	Y	H	G
N	F	V	B	X

W	G	C	E	L
B	Q	D	H	Z
Y	X	F	V	I
K	O	J	A	S
T	M	P	R	N

V	B	F	D	U
J	A	P	L	H
I	C	R	S	N
Z	Y	T	W	G
Q	O	E	X	K

K	H	C	B	U
Y	L	Q	O	A
S	E	W	Z	P
R	D	V	T	M
F	X	G	I	J

Z	I	O	X	L
M	P	B	G	J
S	Y	R	V	D
U	F	W	E	T
K	N	A	C	H

B	R	T	Y	F
G	N	A	H	Q
X	V	J	W	Z
S	C	I	M	D
U	L	K	E	O

W	K	I	P	Q
N	Z	R	C	H
O	M	S	L	U
G	X	B	V	T
F	A	E	Y	D

X	F	T	M	P
S	O	G	L	Q
D	B	Z	R	N
H	W	K	V	I
U	Y	J	C	A

P	D	G	F	J
V	U	L	R	B
N	Z	H	O	M
E	T	C	S	A
K	I	Q	X	Y

Q	Z	O	P	R
M	V	N	B	E
G	X	S	U	I
T	F	Y	K	A
W	J	C	H	L

J	V	Y	M	G
T	F	H	E	D
B	Z	R	S	L
K	O	I	Q	N
P	W	U	C	X

D	N	I	H	W
J	R	K	G	F
Z	A	B	S	Q
P	U	T	V	O
Y	M	X	L	E

W	A	O	F	P
R	U	V	S	N
C	I	H	K	Q
B	G	X	D	L
M	E	Z	T	J

V	E	I	M	H
C	G	X	J	Y
K	A	D	O	L
B	W	Z	T	Q
F	U	N	S	P

Z	J	T	H	I
N	S	B	Y	U
R	P	D	F	E
C	V	W	X	K
Q	M	A	G	O

D	U	T	M	V
S	X	R	H	Y
J	E	K	I	P
B	C	N	A	F
O	W	Z	L	Q

S	U	H	M	V
D	P	W	R	Y
T	A	B	X	F
J	K	O	C	L
E	G	Z	N	Q

V	W	U	G	F
A	Z	L	R	D
K	J	M	N	C
P	Y	X	H	S
I	E	O	T	Q

P	T	S	H	O
B	W	Q	U	G
R	M	E	N	I
J	V	A	C	Y
Z	L	F	X	D

Größer oder kleiner

Setze Zahlen von 1 bis 6 so in die leeren Felder ein, dass die Gleichungen schlüssig werden. Mehrere Lösungen sind dabei möglich. Übertrage danach die Zahlen in das untere Rechenfeld und addiere sie.

	<	6	>	4	=	
=		v		v		=
4	=		>		<	4
∧		∧		=		v
	=		>		=	3
v		=		=		∧
	<	6	>		<	

	+	6	+	4	+		=
+		+		+		+	
4	+		+		+	4	=
+		+		+		+	
	+		+		+	3	=
+		+		+		+	
	+	6	+		+		=

Kreuzworträtsel

Trage die Wörter anhand der Zahlen in die Kästchen ein. Ob waagerecht oder senkrecht, das musst du selbst entscheiden.

Buchstabensalat

Hier hat sich das Wort SONNE 45 Mal versteckt. Du kannst es senkrecht, waagerecht oder diagonal, aber auch vorwärts oder rückwärts lesen. Kannst du alle finden? Die nicht gebrauchten Felder ergeben von links nach rechts gelesen dann ein Sprichwort.

E	S	O	N	N	E	N	N	O	S	O	N	N	E
S	O	N	N	E	H	N	E	E	N	N	O	S	R
L	N	I	S	C	S	O	N	N	E	H	S	O	W
S	N	E	O	S	E	N	N	O	S	S	O	N	A
O	E	N	N	O	S	E	O	H	S	O	N	N	E
N	S	N	N	N	O	S	S	S	O	N	N	E	N
N	O	O	E	N	N	O	S	O	N	N	E	R	N
E	N	S	S	E	N	N	O	S	T	E	E	A	O
E	N	N	O	S	E	N	N	O	S	N	M	S	S
S	E	N	N	O	S	E	N	L	N	O	A	O	E
O	E	N	N	O	S	N	E	O	S	O	N	N	E
N	G	S	E	N	N	O	S	O	N	N	E	N	T
N	E	S	O	N	N	E	N	N	O	S	N	E	E
E	N	N	O	S	S	O	N	N	E	N	N	O	S

Stadt, Land, Fluss

Schreibe in jeden Kasten jeweils ein Tier, einen Namen und einen Beruf, beginnend mit dem vorgegebenen Buchstaben.

F

E

K

Bilderrätsel

Wenn du das Bilderrätsel richtig löst, erhältst du ein Wintervergnügen.

1

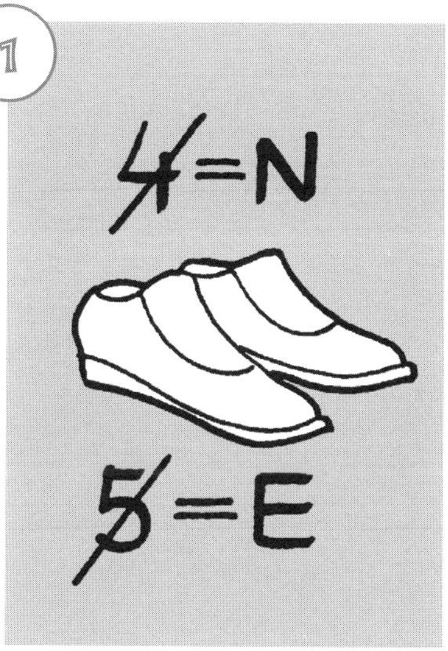

2

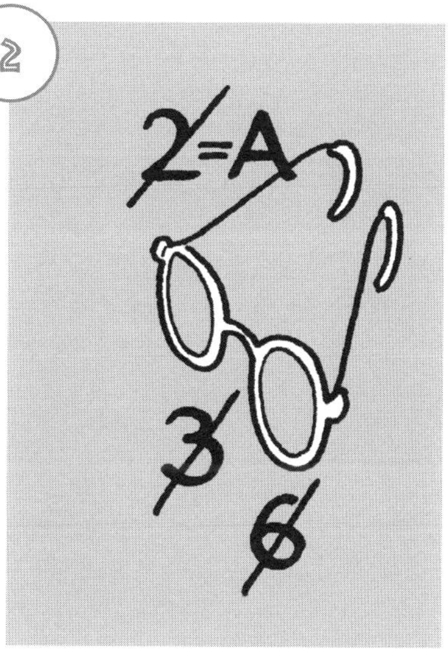

3

4

Rechenpyramiden

Zwei nebeneinander stehende Zahlen ergeben addiert
immer die darüber stehende Zahl.
Beispiel: 3 + 2 = 5.

	24		
		3	2

	22		
5			
	4	2	

Blumenwiese

Welche Blume passt nicht dazu?
Tipp: Achte darauf, aus wie vielen Einzelteilen die Blumen bestehen!

Veränderungsbild

Das untere Bild unterscheidet sich durch 6 Veränderungen von dem oberen.

Wort-Rad

Das Fragezeichen soll durch einen Buchstaben ersetzt werden, sodass ein sinnvoller achtbuchstabiger Begriff entsteht. An welcher Stelle das Wort beginnt und in welche Richtung (im oder gegen den Uhrzeigersinn) es läuft, musst du herausfinden.

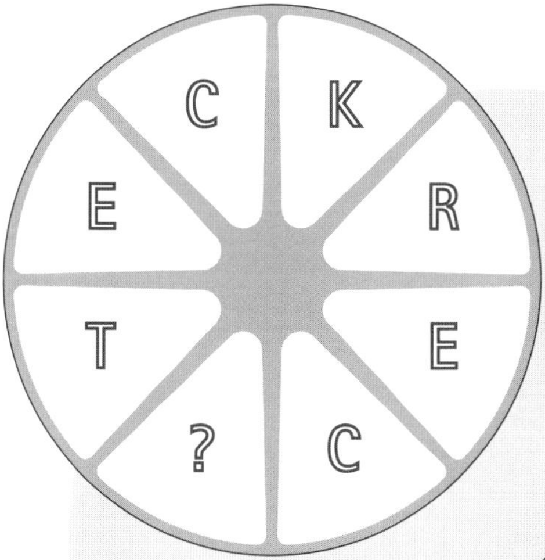

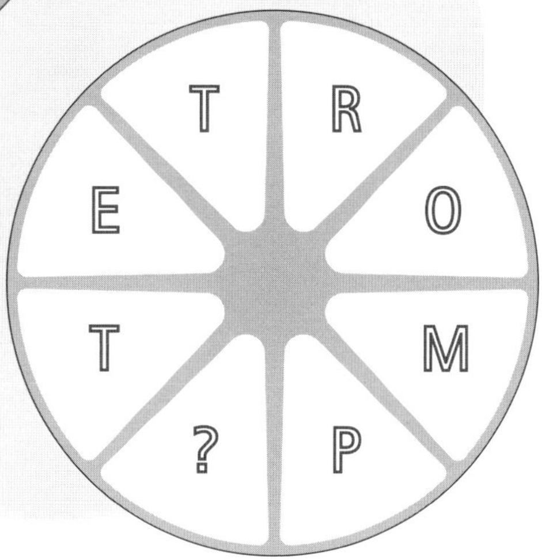

Einer fehlt

In jedem der 25 Kästchen fehlt ein Buchstabe aus dem Alphabet. Finde heraus, welcher das ist, und setze anschließend sämtliche fehlenden Buchstaben zu einem neuen Alphabet zusammen. Welcher fehlt jetzt?

Y	Q	X	L	T
M	A	E	U	N
Z	I	P	R	F
C	K	D	H	O
G	V	J	W	S

C	R	W	O	N
J	G	D	Z	I
F	V	M	X	U
Q	T	H	P	B
A	E	Y	S	K

W	H	D	S	G
Q	X	K	P	A
L	Z	E	B	J
I	T	R	M	C
Y	U	O	F	N

F	K	C	O	J
M	I	D	T	G
V	E	S	R	A
L	W	U	Y	Z
P	B	X	N	Q

E	V	C	P	K
Y	Z	H	I	N
X	O	R	A	F
B	T	D	W	U
G	Q	S	L	M

H	L	A	J	R
V	I	D	X	C
E	Z	M	P	S
Y	N	W	K	B
Q	U	O	F	T

Q	S	F	X	O
N	D	P	R	V
E	A	U	Z	G
T	I	K	W	J
C	L	Y	B	H

M	R	H	F	Y
I	O	X	S	D
Q	P	C	Z	K
L	B	G	T	E
W	J	V	A	U

P	O	H	V	I
W	T	B	R	K
M	Y	J	L	Q
G	Z	N	C	E
A	D	S	U	F

I	Y	Q	Z	F
H	G	W	B	M
L	U	J	A	S
K	O	T	V	N
C	X	P	D	E

P	N	K	Y	I
L	B	T	S	J
V	D	M	X	C
A	G	R	E	Z
W	U	H	Q	O

P	X	V	M	G
F	H	Q	S	T
O	J	B	U	R
I	C	D	Z	N
K	W	A	E	L

Q	D	V	T	J
Y	E	Z	P	X
U	L	B	K	R
I	N	O	W	C
F	A	M	H	G

S	L	H	N	U
D	G	Y	B	Z
J	W	P	E	C
O	F	X	R	M
T	V	K	A	I

P	C	D	A	K
H	V	G	Y	U
I	R	O	X	F
S	B	L	Z	J
T	N	M	W	Q

C	B	W	J	G
Y	P	T	R	A
H	D	F	S	V
M	X	N	Q	I
Z	K	O	L	E

W	Y	P	S	Z
Q	J	V	I	G
K	R	L	M	B
C	X	O	N	H
E	U	T	A	F

A	M	U	N	D
G	R	B	K	V
S	E	P	I	L
O	H	T	F	Z
X	Y	J	Q	C

E	R	M	S	P
H	L	V	G	O
Y	B	T	Q	N
C	U	X	F	D
W	Z	I	J	A

M	R	E	P	C
K	I	Z	Q	D
X	S	T	O	J
H	Y	F	U	G
N	V	B	W	L

V	M	G	B	D
N	J	K	I	S
A	X	L	W	F
Y	H	O	Z	P
U	T	Q	R	E

A	O	E	U	K
S	L	W	Z	Q
G	C	M	Y	R
T	V	F	J	X
N	D	B	I	H

P	Z	E	D	W
I	N	B	C	S
T	A	M	G	F
R	U	L	K	J
Q	H	X	V	Y

I	E	Q	P	H
M	D	B	J	X
O	F	A	S	U
V	W	G	C	K
N	R	Y	L	T

J	P	D	Q	C
W	F	N	Y	Z
X	A	M	I	S
H	V	R	B	O
E	U	L	K	G

Größer oder kleiner

Setze die Zahlen 1 bis 6 so in die leeren Felder ein, dass die Gleichungen schlüssig werden. Mehrere Lösungen sind dabei möglich. Übertrage danach die Zahlen in das untere Rechenfeld und addiere sie.

	<		>	2	<	
∧		∨		∧		=
4	>		=	3	=	
∨		∧		=		=
	<	5	>		=	
∧		∨		∨		=
3	<		>	2	<	

	+		+	2	+		=	
+		+		+		+		
4	+		+	3	+		=	
+		+		+		+		
	+	5	+		+		=	
+		+		+		+		
3	+		+	2	+		=	

Kreuzworträtsel

Trage die Wörter anhand der Zahlen in die Kästchen ein. Ob waagerecht oder senkrecht, das musst du selbst entscheiden.

Buchstabensalat

Hier hat sich das Wort MARMELADE 24 Mal versteckt. Du kannst es senkrecht oder waagerecht, aber auch vorwärts oder rückwärts lesen.
Kannst du alle finden?

E	M	R	A	M	E	D	A	L	E	M	R	A	M
M	R	A	M	E	D	A	L	E	M	R	A	M	A
R	A	M	E	D	A	L	E	M	R	A	M	A	R
A	M	E	D	A	L	E	M	R	A	M	A	R	M
M	E	D	A	L	E	M	R	A	M	A	R	M	E
E	D	A	L	E	M	R	A	M	A	R	M	E	L
D	A	L	E	M	R	A	M	A	R	M	E	L	A
A	L	E	M	R	A	M	A	R	M	E	L	A	D
L	E	M	R	A	M	A	R	M	E	L	A	D	E
E	M	R	A	M	A	R	M	E	L	A	D	E	M
M	R	A	M	A	R	M	E	L	A	D	E	M	A
R	A	M	A	R	M	E	L	A	D	E	M	A	R
A	M	A	R	M	E	L	A	D	E	M	A	R	M
M	A	R	M	E	L	A	D	E	M	A	R	M	E

Stadt, Land, Fluss

Schreibe in jeden Kasten jeweils eine Stadt, ein Land und einen Fluss, beginnend mit dem vorgegebenen Buchstaben.

I

R

D

Bilderrätsel

Wenn du das Bilderrätsel richtig löst, erhältst du das Bauwerk eines Tieres.

1

2

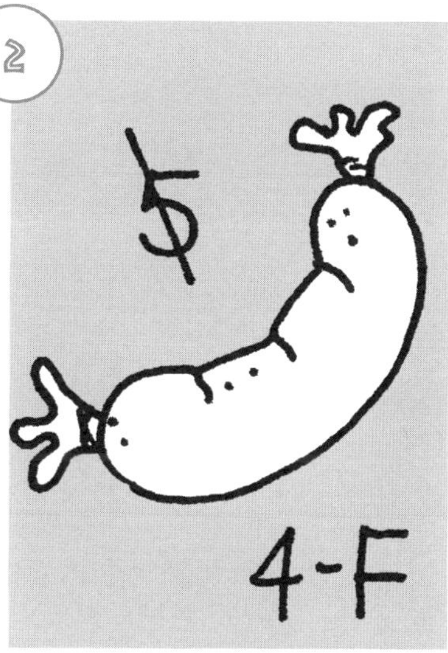

3

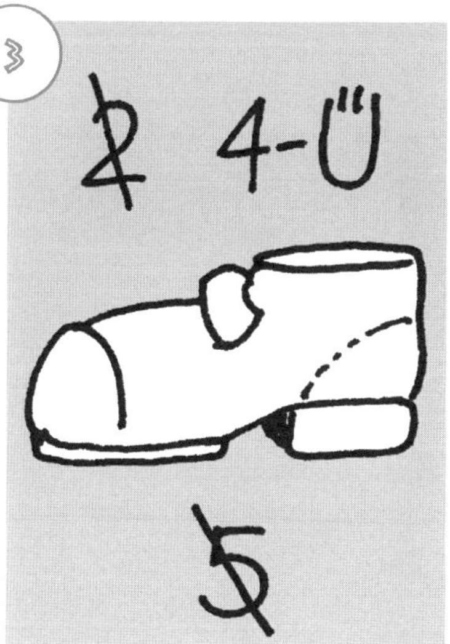

4

Rechenpyramiden

Zwei nebeneinander stehende Zahlen ergeben addiert
immer die darüber stehende Zahl.
Beispiel: 2 + 4 = 6.

	16		
	7		
		2	4

	22		
	6		
		2	1

Fische

Wie viele Fische sind hier zu sehen?

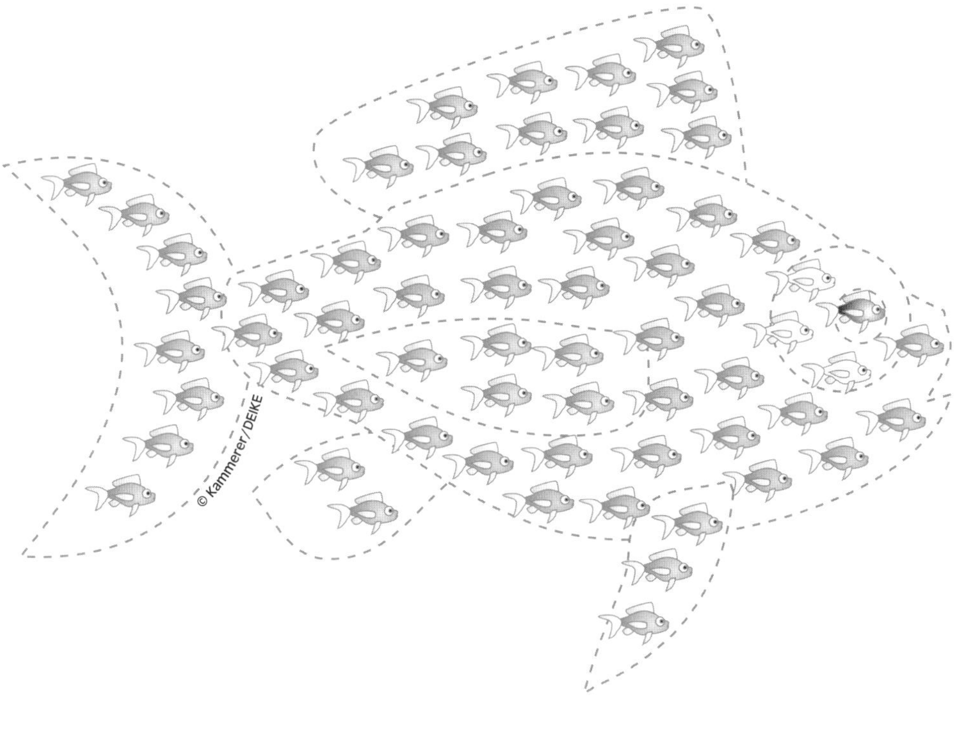

Veränderungsbild

Das untere Bild unterscheidet sich durch 6 Veränderungen von dem oberen.

Wort-Rad

Das Fragezeichen soll durch einen Buchstaben ersetzt werden, sodass ein sinnvoller achtbuchstabiger Begriff entsteht. An welcher Stelle das Wort beginnt und in welche Richtung (im oder gegen den Uhrzeigersinn) es läuft, musst du herausfinden.

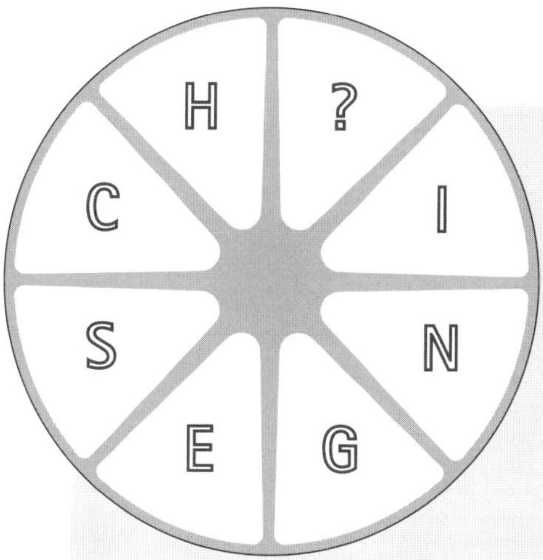

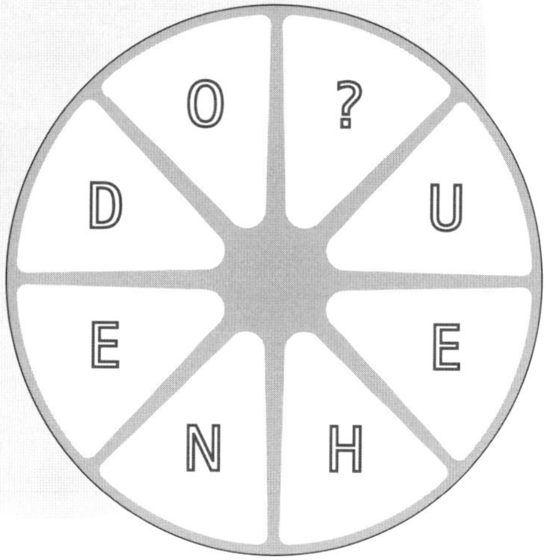

Einer fehlt

In jedem der 25 Kästchen fehlt ein Buchstabe aus dem Alphabet. Finde heraus, welcher das ist, und setze anschließend sämtliche fehlenden Buchstaben zu einem neuen Alphabet zusammen. Welcher fehlt jetzt?

X	U	N	V	I
H	G	B	Z	S
T	P	O	K	Q
M	C	R	L	F
Y	W	E	D	A

S	E	D	U	L
H	Z	G	P	V
I	T	F	Y	C
K	B	X	J	A
N	R	M	Q	O

O	K	V	W	Z
C	Y	J	R	P
N	D	I	G	X
U	H	A	L	M
T	B	Q	E	S

O	M	D	T	R
E	L	J	V	I
P	F	Z	W	K
B	H	N	Y	X
Q	G	S	U	C

T	E	U	F	D
J	N	M	O	B
H	W	P	L	R
I	V	Z	Q	G
X	Y	S	C	A

Z	Y	O	J	R
U	I	V	M	F
W	P	G	T	X
S	A	H	E	C
L	B	D	Q	K

M	I	A	N	J
G	D	Y	V	T
X	H	R	P	S
B	E	L	K	Q
W	U	O	C	F

A	W	S	R	C
Z	N	Y	Q	K
V	J	X	T	I
U	D	H	M	F
E	O	G	B	L

J	S	Z	Q	U
N	O	G	E	R
D	K	W	L	C
Y	P	X	A	M
T	B	V	I	F

D	G	X	A	Q
O	J	P	T	E
U	L	C	V	F
K	M	W	S	N
R	Y	H	Z	B

X	A	L	S	Q
Y	E	I	O	H
W	U	F	R	P
T	K	V	N	B
G	D	J	Z	C

P	M	H	R	A
L	O	Y	Q	B
V	F	Z	W	J
U	K	N	T	G
C	E	X	S	I

I	X	P	B	K
A	U	J	O	H
S	M	W	G	R
Z	V	C	L	T
N	D	F	Q	Y

S	E	G	R	L
C	A	M	K	V
X	J	H	F	U
I	Z	Q	N	Y
B	P	W	T	D

O	N	R	L	A
V	H	F	P	J
E	K	B	T	S
Q	M	C	I	Z
D	W	X	Y	G

C	I	W	R	O
V	B	M	D	U
T	N	K	Z	H
E	G	P	Y	X
A	J	S	Q	F

F	Y	O	Z	J
X	H	P	B	E
S	R	I	L	N
A	K	V	G	D
M	T	Q	W	U

I	E	G	R	U
V	W	P	Q	Z
L	D	H	S	C
N	J	O	K	X
T	M	A	Y	F

N	Z	A	T	H
Y	D	B	F	R
J	K	M	O	S
L	C	G	V	P
W	E	I	U	X

C	E	G	Q	Z
K	N	A	I	O
H	U	F	T	L
D	V	X	P	W
J	M	S	B	R

E	M	V	B	J
H	X	L	T	R
U	W	Y	K	Z
I	C	N	G	F
P	Q	O	D	A

I	X	O	B	K
N	Q	J	V	E
Y	R	U	A	C
H	D	L	F	G
W	M	Z	P	S

S	L	K	X	Q
D	R	Y	H	I
N	C	E	J	M
W	B	F	P	O
T	Z	U	V	A

V	D	C	K	P
T	I	Q	J	H
R	Y	Z	F	N
S	L	W	O	U
E	M	B	A	G

C	Q	K	W	G
I	S	V	J	O
T	L	Z	M	A
B	E	U	N	H
P	D	Y	F	X

Größer oder kleiner

Setze Zahlen von 1 bis 6 so in die leeren Felder ein, dass die Gleichungen schlüssig werden. Mehrere Lösungen sind dabei möglich. Übertrage danach die Zahlen in das untere Rechenfeld und addiere sie.

	<		>	4	<	6
∧		∧		=		∨
5	<		>		=	4
∨		∨		=		∧
4	=		=		<	5
∧		∧		∨		∧
	<		>		<	

	+		+	4	+	6	=
+		+		+		+	
5	+		+		+	4	=
+		+		+		+	
4	+		+		+	5	=
+		+		+		+	
	+		+		+		=

Kreuzworträtsel

Trage die Wörter anhand der Zahlen in die Kästchen ein. Ob waagerecht oder senkrecht, das musst du selbst entscheiden.
Ä = Ae und ö = oe

Buchstabensalat

Hier hat sich das Wort DRACHE 34 Mal versteckt. Du kannst es senkrecht, waagerecht oder diagonal, aber auch vorwärts oder rückwärts lesen. Kannst du alle finden? Die nicht gebrauchten Felder ergeben von links nach rechts gelesen dann ein Sprichwort.

A	D	R	A	C	H	E	H	C	A	R	D	U	S
E	D	R	A	C	H	E	E	H	C	A	R	D	I
E	H	C	A	R	D	N	H	E	H	C	A	R	D
D	E	M	K	C	E	L	C	H	E	D	C	A	R
R	D	R	A	C	H	E	A	C	D	R	H	C	A
A	R	I	E	N	C	E	R	A	R	A	E	H	C
C	A	E	H	C	A	R	D	R	A	C	H	E	H
H	C	H	C	E	R	N	R	D	C	H	D	T	E
E	H	C	A	R	D	R	A	C	H	E	R	R	I
H	E	A	R	D	R	A	C	H	E	E	A	B	W
C	I	R	D	R	A	D	H	D	R	A	C	H	E
A	E	D	R	A	C	H	E	I	N	G	H	R	O
R	S	S	E	R	H	D	R	A	C	H	E	B	A
D	R	A	C	H	E	U	M	D	R	A	C	H	E

Stadt, Land, Fluss

Schreibe in jeden Kasten jeweils ein Tier, einen Namen und einen Beruf, beginnend mit dem vorgegebenen Buchstaben.

Bilderrätsel

Wenn du das Bilderrätsel richtig löst, erhältst du eine Süßigkeit.

Rechenpyramiden

Zwei nebeneinander stehende Zahlen ergeben addiert
immer die darüber stehende Zahl.
Beispiel: 2 + 3 = 5.

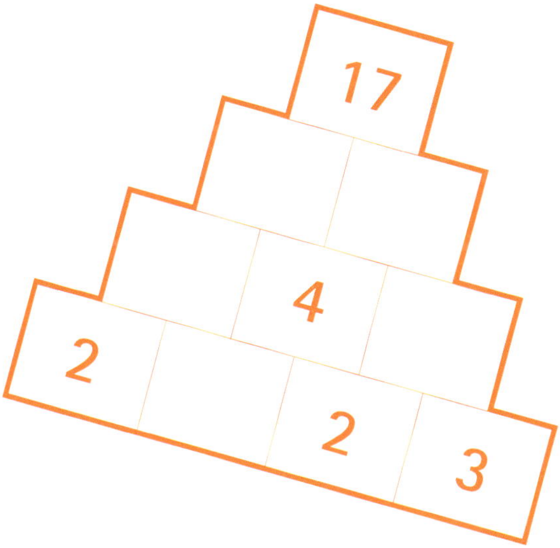

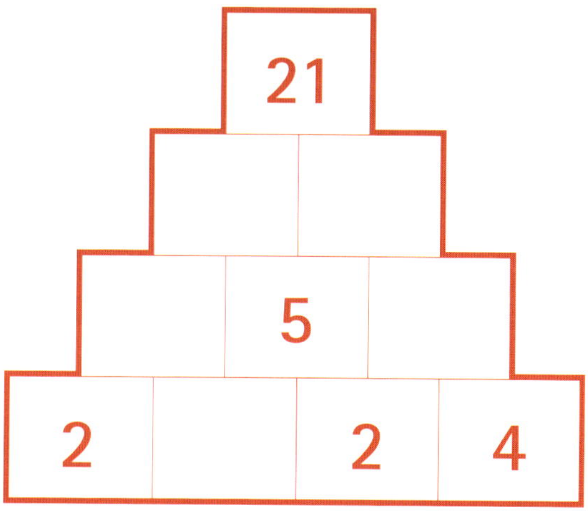

Knifflige Sechsecke

Die hier abgebildeten Sechsecke sind sich sehr ähnlich, aber nur zwei der Figuren sind gleich. Welche sind es?

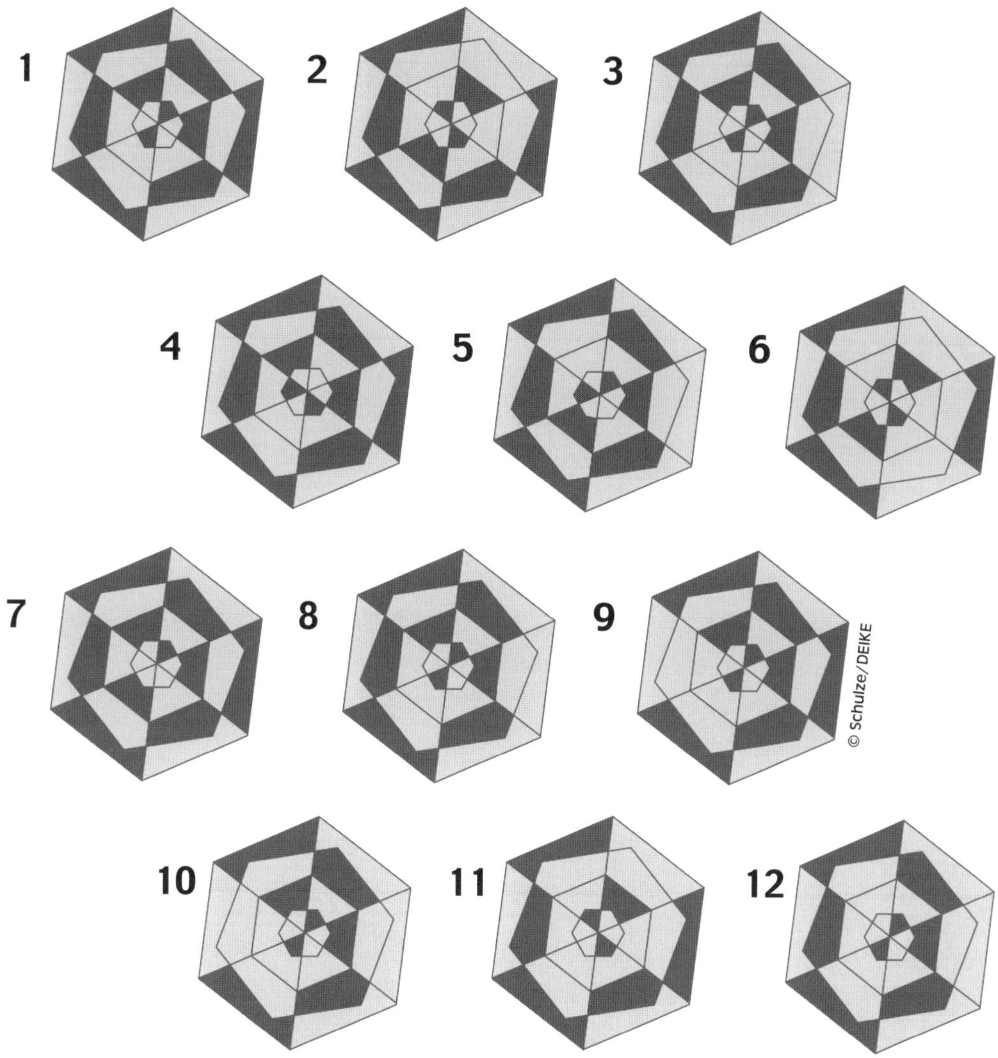

Veränderungsbild

Das untere Bild unterscheidet sich durch 6 Veränderungen von dem oberen.

Wort-Rad

Das Fragezeichen soll durch einen Buchstaben ersetzt werden, sodass ein sinnvoller achtbuchstabiger Begriff entsteht. An welcher Stelle das Wort beginnt und in welche Richtung (im oder gegen den Uhrzeigersinn) es läuft, musst du herausfinden.

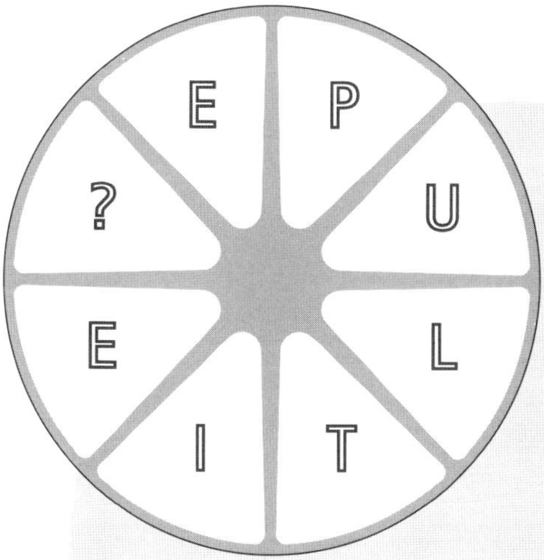

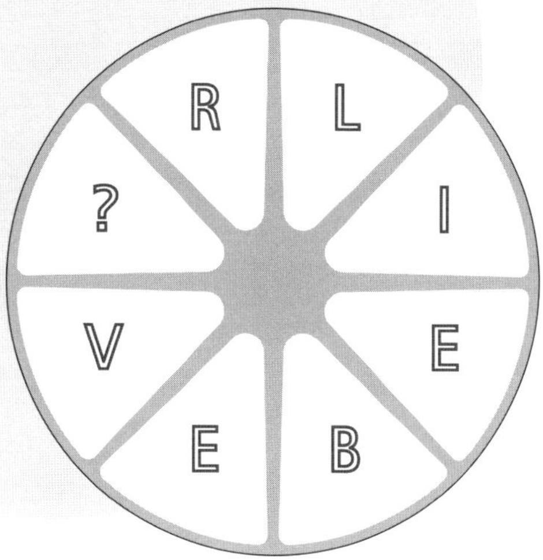

Einer fehlt

In jedem der 25 Kästchen fehlt ein Buchstabe aus dem Alphabet. Finde heraus, welcher das ist, und setze anschließend sämtliche fehlenden Buchstaben zu einem neuen Alphabet zusammen. Welcher fehlt jetzt?

K	R	D	Y	C
G	O	U	Z	I
Q	M	V	A	X
S	H	E	W	F
J	B	L	N	T

T	B	X	H	F
M	L	J	D	Z
Q	W	U	R	N
C	A	G	E	S
Y	O	V	P	I

F	T	Y	N	K
D	W	O	S	U
X	M	C	Z	H
V	P	J	I	R
Q	E	L	G	B

F	K	A	V	B
M	I	R	H	X
Y	Z	C	N	O
U	S	G	T	J
L	D	E	P	Q

C	O	N	K	A
X	G	V	W	Y
S	H	D	Z	M
T	U	E	F	L
P	Q	I	R	J

B	V	G	K	N
A	W	Y	P	F
H	C	E	T	J
Q	X	O	I	D
U	L	Z	M	R

U	A	Y	S	E
D	G	I	T	O
K	J	M	X	P
W	L	B	V	N
H	Z	R	Q	C

P	M	K	F	E
N	Q	J	C	Y
H	Z	R	V	X
W	A	B	U	T
L	S	O	I	G

Z	S	D	A	N
Q	G	F	C	P
J	R	L	V	M
W	E	Y	O	X
H	I	B	T	K

T	P	O	C	A
G	H	Q	S	V
U	Z	M	W	F
Y	I	L	X	N
D	E	B	J	K

I	V	R	X	Z
A	D	Q	C	S
P	W	B	E	N
G	U	Y	O	J
H	F	K	M	L

S	R	J	F	Q
E	A	C	K	U
H	I	O	L	B
W	Y	G	M	D
T	X	P	V	N

S	L	K	E	I
U	Q	W	P	R
F	H	Y	J	A
B	N	V	T	X
C	Z	D	O	G

M	E	V	D	W
I	X	O	G	Y
Q	S	J	U	N
L	P	F	R	A
C	B	K	Z	T

P	W	B	L	Z
U	S	V	C	M
N	H	K	J	G
F	T	Q	E	A
O	I	Y	R	D

V	E	X	D	A
P	B	L	G	Q
H	C	K	M	J
O	U	R	F	Z
T	S	I	N	W

S	W	A	I	R
K	B	N	M	T
H	Q	U	E	D
Y	V	O	J	X
F	C	L	P	Z

A	R	U	J	V
I	G	Q	S	T
L	N	Z	Y	P
W	X	C	M	B
D	E	K	H	F

L	U	E	P	N
J	R	M	D	F
K	X	S	H	A
V	W	T	O	G
B	Q	Y	Z	I

Z	L	K	V	C
T	A	E	J	P
Q	I	G	R	B
S	X	F	W	D
Y	U	M	O	H

K	F	W	G	N
L	B	I	C	M
P	V	T	X	Y
S	Q	Z	R	U
A	D	H	O	E

D	N	Z	C	V
F	R	Y	M	K
X	A	L	S	J
T	P	Q	H	G
U	B	E	O	W

P	M	H	D	E
I	W	A	R	O
B	N	K	C	T
L	Y	G	U	Q
J	S	F	X	Z

P	M	B	T	G
O	Y	X	D	K
Q	R	W	C	U
N	F	I	E	J
H	A	S	V	Z

S	M	B	Y	Z
A	T	G	Q	H
J	I	R	W	C
L	K	V	F	U
O	N	P	D	X

Größer oder kleiner

Setze Zahlen von 1 bis 6 so in die leeren Felder ein, dass die Gleichungen schlüssig werden. Mehrere Lösungen sind dabei möglich. Übertrage danach die Zahlen in das untere Rechenfeld und addiere sie.

	<		>	4	<	6
∧		∧		=		∨
5	<		>		=	4
∨		∨		=		∧
4	=		=		<	5
∧		∧		∨		∧
	<		>		<	

	+		+	4	+	6	=
+		+		+		+	
5	+		+		+	4	=
+		+		+		+	
4	+		+		+	5	=
+		+		+		+	
	+		+		+		=

Kreuzworträtsel

Trage die Wörter anhand der Zahlen in die Kästchen ein. Ob waagerecht oder senkrecht, das musst du selbst entscheiden.

ü = ue

Buchstabensalat

Hier hat sich das Wort TASSE 42 Mal versteckt. Du kannst es senkrecht, waagerecht oder diagonal, aber auch vorwärts oder rückwärts lesen. Kannst du alle finden? Die nicht gebrauchten Felder ergeben von links nach rechts gelesen dann ein Sprichwort.

E	S	S	A	T	B	E	T	A	S	S	E	S	T
S	T	A	S	S	E	S	S	A	T	S	S	E	A
S	R	Z	E	S	S	A	T	T	S	W	E	T	S
A	T	T	A	S	S	E	I	A	A	E	M	A	S
T	A	S	S	E	A	A	T	A	S	S	E	S	E
L	S	E	T	F	T	A	S	S	E	S	S	S	S
E	S	S	A	T	A	R	A	A	S	A	E	E	S
S	E	S	S	A	S	T	T	G	S	T	E	E	A
S	N	A	S	S	S	A	A	T	A	S	S	E	T
A	A	T	E	S	E	S	S	S	T	A	S	S	E
T	A	S	S	E	S	S	S	E	S	S	A	T	L
S	E	T	A	S	S	E	E	I	N	E	T	M	A
L	I	E	S	S	A	T	A	S	S	E	R	R	E
G	E	S	S	A	T	A	S	S	E	E	H	E	N

Stadt, Land, Fluss

Schreibe in jeden Kasten jeweils eine Stadt, ein Land und einen Fluss, beginnend mit dem vorgegebenen Buchstaben.

L

G

E

Bilderrätsel

Wenn du das Bilderrätsel richtig löst, erhältst du einen Wintersportplatz.

1

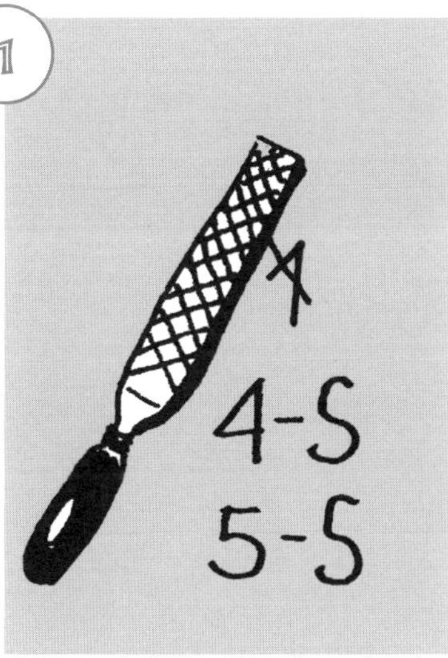

2

3

4

Rechenpyramiden

Zwei nebeneinander stehende Zahlen ergeben addiert
immer die darüber stehende Zahl.
Beispiel: 2 + 4 = 6.

Fragezeichensuche

Welches Fragezeichen passt genau in die Freifläche?

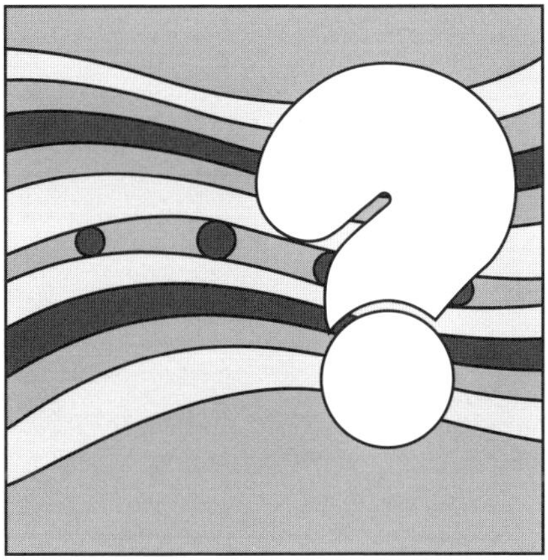

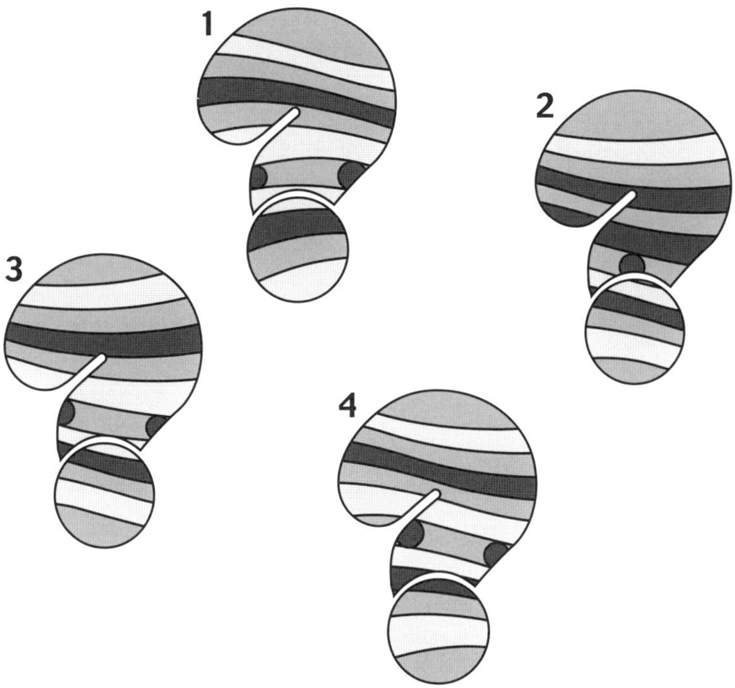

Veränderungsbild

Das untere Bild unterscheidet sich durch 6 Veränderungen von dem oberen.

Wort-Rad

Das Fragezeichen soll durch einen Buchstaben ersetzt werden, sodass ein sinnvoller achtbuchstabiger Begriff entsteht. An welcher Stelle das Wort beginnt und in welche Richtung (im oder gegen den Uhrzeigersinn) es läuft, musst du herausfinden.

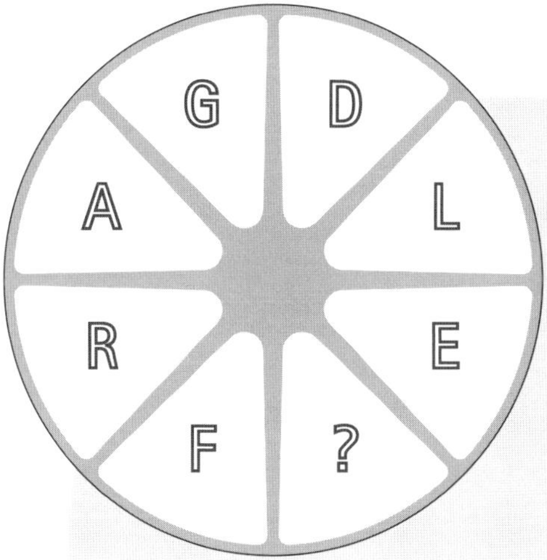

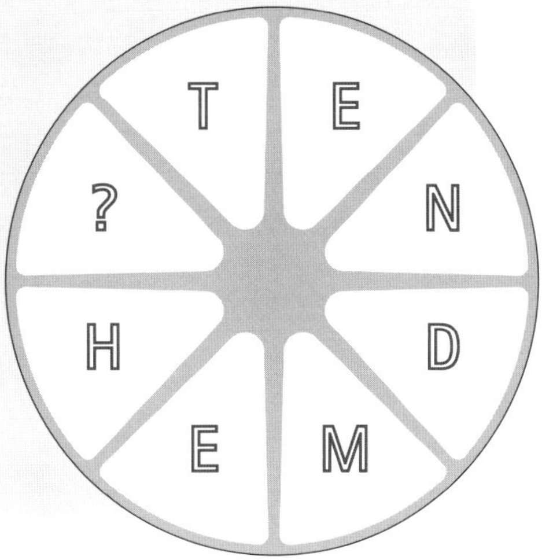

Einer fehlt

In jedem der 25 Kästchen fehlt ein Buchstabe aus dem Alphabet. Finde heraus, welcher das ist, und setze anschließend sämtliche fehlenden Buchstaben zu einem neuen Alphabet zusammen. Welcher fehlt jetzt?

C	V	R	S	B
K	G	T	L	Y
J	E	D	F	O
Q	X	U	H	W
M	A	I	Z	N

K	N	B	H	G
P	L	W	T	J
M	U	X	D	R
Y	E	Z	O	Q
V	I	F	C	A

B	Z	K	L	Y
T	C	F	I	G
U	H	N	O	E
R	W	Q	M	V
X	D	A	S	P

R	S	D	C	U
A	G	T	B	W
M	P	L	K	X
Y	N	E	O	V
I	J	F	H	Q

H	A	E	B	S
U	Z	Y	W	C
J	L	M	I	V
D	X	R	T	G
Q	P	F	K	O

O	X	R	Z	C
Y	E	B	N	D
S	J	F	Q	U
I	V	M	K	T
A	W	G	L	P

K	W	R	X	Z
J	N	Q	C	U
D	A	B	E	M
S	V	Y	F	L
O	T	I	P	H

E	C	Y	N	H
M	S	P	J	U
I	X	R	A	T
F	L	Z	V	O
Q	G	B	D	W

A	V	P	D	N
R	L	T	G	J
E	Q	C	K	I
M	F	H	S	B
W	U	O	Z	Y

C	K	B	Q	N
P	F	G	U	X
L	T	V	Z	M
D	R	S	H	E
W	I	A	J	Y

H	N	L	F	W
G	T	Q	V	D
I	X	P	Y	Z
K	B	M	U	J
O	C	R	A	S

O	F	A	R	Z
U	B	L	W	D
S	J	T	H	I
N	V	P	X	K
M	G	E	Y	C

O	P	M	J	U
K	H	G	Q	Z
V	S	L	D	N
W	X	T	R	Y
F	B	C	E	A

X	Q	I	F	P
N	U	H	V	S
R	A	L	D	B
T	J	O	M	Y
G	Z	C	K	E

N	F	W	P	S
R	A	J	U	C
V	G	Y	H	M
K	B	D	E	X
I	Z	T	O	Q

G	S	L	E	O
F	Z	P	N	D
B	M	C	W	J
K	V	I	H	A
Q	X	R	Y	U

X	B	Z	I	G
M	P	T	S	R
J	O	H	D	U
L	E	N	V	F
K	W	Q	C	A

S	Q	B	P	O
A	L	W	N	E
T	J	C	H	I
U	K	D	V	M
G	X	Z	Y	F

H	M	Y	N	T
F	K	D	G	P
L	V	E	O	A
I	X	S	J	W
R	U	Q	Z	C

H	I	T	W	S
X	C	M	J	N
D	A	U	R	G
Q	F	P	Y	O
Z	L	B	E	K

S	G	Y	T	O
N	M	K	F	H
B	P	Q	Z	W
L	X	A	D	V
R	J	I	C	E

D	W	Q	A	V
L	R	S	Z	K
J	M	G	I	O
X	U	H	T	B
P	C	E	N	Y

P	S	M	B	O
T	X	D	R	Q
L	U	J	Y	H
N	W	F	A	G
K	E	Z	I	V

Z	X	O	T	R
J	C	L	G	B
H	A	Y	S	M
I	N	Q	W	E
V	P	U	K	F

F	B	Q	U	T
Y	K	E	C	J
I	M	R	N	X
P	D	V	L	G
W	S	Z	H	O

16

Größer oder kleiner

Setze Zahlen von 1 bis 6 so in die leeren Felder ein, dass die Gleichungen schlüssig werden. Mehrere Lösungen sind dabei möglich. Übertrage danach die Zahlen in das untere Rechenfeld und addiere sie.

	=	5	<		=	6
∧		=		∨		∨
	>		=	5	=	
=		=		∨		∨
6	>		>		=	4
∨		=		∧		∧
	=		<	6	>	

	+	5	+		+	6	=
+		+		+		+	
	+		+	5	+		=
+		+		+		+	
6	+		+		+	4	=
+		+		+		+	
	+		+	6	+		=

Seite 1
Der fehlende Buchstabe ist F.

Seite 2

3	=	3	<	5	=	5
v		=		v		v
2	<	3	=	3	<	4
=		∧		=		v
2	<	4	>	3	=	3
=		=		=		=
2	<	4	>	3	=	3

3	+	3	+	5	+	5	= 16
+		+		+		+	
2	+	3	+	3	+	4	= 12
+		+		+		+	
2	+	4	+	3	+	3	= 12
+		+		+		+	
2	+	4	+	3	+	3	= 12

Seite 3
1. Saege/Sterne, 2. Eiszapfen, 3. Eule, 4. Schneemann, 5. Schluessel, 6. Laterne, 7. Knoten, 8. Erpel, 9. Lupe, 10. Zebra, 11. Ai, 12. Niete, 13. E.T., 14. Tasche, 15. Hase/Haus, 16. Tanne, 17. Tube, 18. Unglueck, 19. Ger, 20. Graeten

Seite 4
Ausnahmen bestaetigen die Regel.

Seite 6
Der zerbrochene Krug.

Seite 7

18
9 9
5 4 5
4 1 3 2

20
9 11
4 5 6
3 1 4 2

Seite 8
B – alle anderen Mädchen haben eine Perle mehr als sie Sommersprossen haben.

Seite 9

Seite 10
ABSCHIED, DAMPFBAD

Seite 11
Der fehlende Buchstabe ist K.

Seite 12

5	>	4	>	3	>	2
v		=		∧		∧
4	=	4	=	4	=	4
∧		=		v		=
6	>	4	>	3	<	4
v		∧		∧		v
5	=	5	>	4	>	3

5	+	4	+	3	+	2	= 14
+		+		+		+	
4	+	4	+	4	+	4	= 16
+		+		+		+	
6	+	4	+	3	+	4	= 17
+		+		+		+	
5	+	5	+	4	+	3	= 17

Seite 13
1. Stiefel, 2. Engel, 3. Schlitten, 4. Christbaum, 5. Laternen, 6. Klingel, 7. Reh, 8. Gold, 9. Ritter, 10. Rock, 11. Fohlen, 12. Weser, 13. Nelken, 14. Erker, 15. Robbe, 16. Rille, 17. Loewe, 18. Note, 19. Oel, 20. Eber, 21. Tau, 22. Besen, 23. Mueller, 24. Rabe.

Seite 14
Wer nicht hoeren will muss fuehlen.

Seite 16
Der Frosch mit der Maske.

Seite 17

20
10 10
5 5 5
3 2 3 2

20
11 9
6 5 4
4 2 3 1

Seite 18
1. Hunger!; 2. Wickeln!; 3. Teddy!; 4. Telefon!

Seite 19
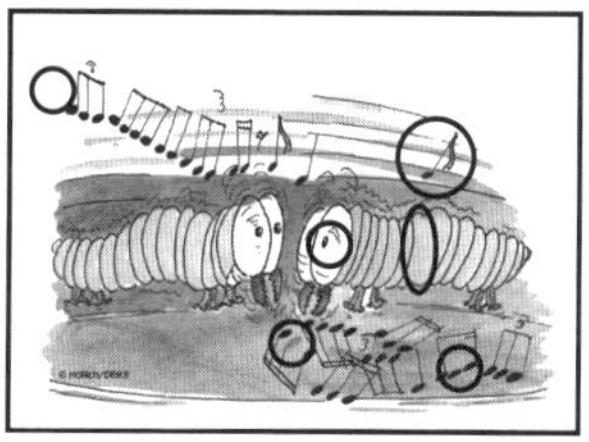

Seite 20
HOLZWURM, NARZISSE

Seite 21
Der fehlende Buchstabe ist G.

Seite 22

3	=	3	>	2	<	5
=		v		∧		v
3	>	2	<	4	>	3
=		=		=		=
3	>	2	<	4	>	3
∧		=		v		∧
4	>	2	<	3	<	5

3	+	3	+	2	+	5	= 13
+		+		+		+	
3	+	2	+	4	+	3	= 12
+		+		+		+	
3	+	2	+	4	+	3	= 12
+		+		+		+	
4	+	2	+	3	+	5	= 14

Seite 23
1. Wal/Welpe, 2. Ar, 3. Koffer, 4. Osterhase, 5. Elstern, 6. Stempel, 7. Kran, 8. Nilpferd, 9. Pelikan, 10. Idee, 11. Ball, 12. Prinz, 13. Senf/See, 14. Edam, 15. Eier

Seite 24
Ein bisschen zu spaet ist oft viel zu spaet.

Seite 26
Kraftstoff

Seite 27

24
12 12
5 7 5
2 3 4 1

20
8 12
3 5 7
2 1 4 3

Seite 28
Die Kreise werden alle erst eine halbe Runde gedreht und dann gespiegelt.

Seite 29
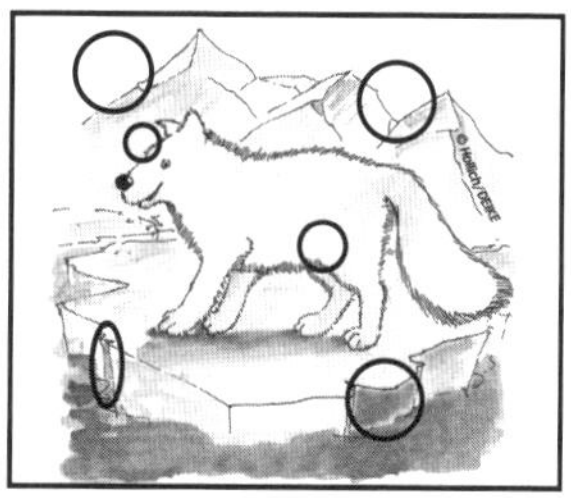

Seite 30
MONOPOLI, OBERARZT

Seite 31
Der fehlende Buchstabe ist N.

Seite 32

4	<	5	=	5	=	5
∧		∧		∨		∨
5	<	6	>	3	<	4
∧		=		=		∨
6	=	6	>	3	=	3
∨		∨		∧		∧
5	>	4	<	5	>	4

4	+	5	+	5	+	5	= 19
+		+		+		+	
5	+	6	+	3	+	4	= 18
+		+		+		+	
6	+	6	+	3	+	3	= 18
+		+		+		+	
5	+	4	+	5	+	4	= 18

Seite 33
1. Hai/Helm, 2. Arie, 3. Adler/Achim, 4. Regen, 5. Lider, 6. Schirme/Scheren, 7. Rhein, 8. Hampelmann, 9. Peer, 10. Ei, 11. Raben, 12. Bus, 13. Ur, 14. Nase

Seite 34
Es ist gut einen Freund zu haben.

Seite 36
Ein Heim für Tiere

Seite 37

18
10 8
5 5 3
2 3 2 1

16
8 8
4 4 4
1 3 1 3

Seite 38
F

Seite 39

Seite 40
POLIZIST, WETTLAUF

Seite 41
Der fehlende Buchstabe ist N.

Seite 42

6	>	3	>	2	<	4
∨		=		=		∧
5	>	3	>	2	<	5
∨		=		∧		=
4	>	3	<	4	<	5
∧		=		∨		∨
5	>	3	>	2	<	4

6	+	3	+	2	+	4	= 15
+		+		+		+	
5	+	3	+	2	+	5	= 15
+		+		+		+	
4	+	3	+	4	+	5	= 16
+		+		+		+	
5	+	3	+	2	+	4	= 14

Seite 43
1. Genf/Gruen, 2. Fee, 3. Veilchen, 4. Unke, 5. Kaefig, 6. Zweige/Zahnraeder, 7. Giraffe, 8. Inder, 9. Schal/Schwein, 10. Chaplin, 11. Lore, 12. Huf, 13. Waage, 14. Niete, 15. Igel, 16. Nuesse

Seite 44
Alle Wege fuehren nach Rom.

Seite 46
Wetterhäuschen

Seite 47

16
9 7
6 3 4
4 2 1 3

20
10 10
5 5 5
3 2 3 2

Seite 48
2 und 5

Seite 49

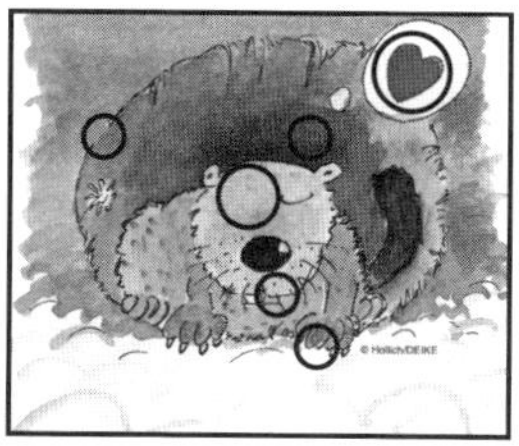

Seite 50
BESUCHER, ECKFAHNE

Seite 51
Der fehlende Buchstabe ist H.

Seite 52

4	<	6	>	4	=	4
=		∨		∨		=
4	=	4	>	3	<	4
∧		∧		=		∨
6	=	6	>	3	=	3
∨		=		=		∧
5	<	6	>	3	<	4

4	+	6	+	4	+	4	= 18
+		+		+		+	
4	+	4	+	3	+	4	= 15
+		+		+		+	
6	+	6	+	3	+	3	= 18
+		+		+		+	
5	+	6	+	3	+	4	= 18

Seite 53
1. Knospe, 2. Nest, 3. Sohle, 4. Schilf, 5. Fledermaus, 6. Fuss, 7. Leu, 8. Ei, 9. Edelweiss, 10. Delfin, 11. Lampen, 12. Klammer, 13. Krone, 14. Pi, 15. Eimer, 16. nun, 17. Uhr, 18. Huhn, 19. Krebs

Seite 54
Ehrlich waehrt am laengsten.

Seite 56
Schneeballschlacht

Seite 57

24
12 12
5 7 5
1 4 3 2

22
11 11
5 6 5
1 4 2 3

Seite 58
Nr. 7. Alle anderen Blumen bestehen aus 9 Einzelteilen.

Seite 59

Seite 60
RECHTECK, TROMPETE

Seite 61
Der fehlende Buchstabe ist I.

Seite 62

3	<	5	>	2	<	3
∧		∨		∧		=
4	>	3	=	3	=	3
∨		∧		=		=
2	<	5	>	3	=	3
∧		∨		∨		=
3	<	4	>	2	<	3

3	+	5	+	2	+	3	=13
+		+		+		+	
4	+	3	+	3	+	3	=13
+		+		+		+	
2	+	5	+	3	+	3	=13
+		+		+		+	
3	+	4	+	2	+	3	=12

Seite 63

1. Kirschen/Kater, 2. Sonnenblume, 3. Holmes, 4. Nord, 5. Pendel, 6. Onkel, 7. Tunnel, 8. Madrid, 9. Rassel, 10. Rabe, 11. Axt, 12. Sessel, 13. Esel, 14. Tube, 15. Eber, 16. Bein, 17. Ukulele, 18. Uhr, 19. Beeren

Seite 66

Maulwurfshügel

Seite 67

22			
13	9		
7	6	3	
3	4	2	1

16			
7	9		
4	3	6	
3	1	2	4

Seite 68

Es sind 66 Fische.

Seite 69

Seite 70

SCHLINGE, HEUBODEN

Seite 71

Der fehlende Buchstabe ist V.

Seite 72

4	<	5	>	4	<	6
∧		∧		=		∨
5	<	6	>	4	=	4
∨		∨		=		∧
4	=	4	=	4	<	5
∧		∧		∨		∧
5	<	6	>	3	<	6

4	+	5	+	4	+	6	=19
+		+		+		+	
5	+	6	+	4	+	4	=19
+		+		+		+	
4	+	4	+	4	+	5	=17
+		+		+		+	
5	+	6	+	3	+	6	=20

Seite 73

1. Sprungturm, 2. Bluse, 3. Hecht, 4. Pilze, 5. Kutsche, 6. Clown, 7. Eltern, 8. Esel, 9. Roller, 10. Aehre, 11. Struwwelpeter, 12. Wurst, 13. Rose, 14. Null, 15. Tresor, 16. Sau, 17. Roehre, 18. Pult

Seite 74

Aus einem kleinen Trieb wird ein grosser Baum.

Seite 76

Überraschungsei

Seite 77

17			
8	9		
4	4	5	
2	3	2	3

21			
10	11		
5	5	6	
2	3	2	4

Seite 78

3 und 8

Seite 79

Seite 80

ZEITLUPE, VORLIEBE

Seite 81

Der fehlende Buchstabe ist Q.

Seite 82

4	<	5	>	4	<	6
∧		∧		=		∨
5	<	6	>	4	=	4
∨		∨		=		∧
4	=	4	=	4	<	5
∧		∧		∨		∧
5	<	6	>	3	<	6

4	+	5	+	4	+	6	=19
+		+		+		+	
5	+	6	+	4	+	4	=19
+		+		+		+	
4	+	4	+	4	+	5	=17
+		+		+		+	
5	+	6	+	3	+	6	=20

Seite 83

1. Inder, 2. Fuchs, 3. Pinguin/flaume, 4. Null, 5. Ananas, 6. Urne, 7. Eid, 8. Welle/Wurst, 9. Ai, 10. Russland, 11. Unke, 12. Sun, 13. Ara, 14. Braut, 15. Ra, 16. Kansas, 17. Stühle

Seite 84

Besser zweimal fragen, als einmal irregehen.

Seite 86

Eissporthalle

Seite 87

23			
11	12		
5	6	6	
1	4	2	4

19			
8	11		
3	5	6	
1	2	3	3

Seite 88

Fragezeichen Nr. 3 passt.

Seite 89

Seite 90

GARFIELD, NETZHEMD

Seite 91

Der fehlende Buchstabe ist M.

Seite 92

5	=	5	<	6	=	6
∧		=		∨		∨
6	>	5	=	5	=	5
=		=		∨		∨
6	>	5	>	4	=	4
∨		=		∧		∧
5	=	5	<	6	>	5

5	+	5	+	6	+	6	=22
+		+		+		+	
6	+	5	+	5	+	5	=21
+		+		+		+	
6	+	5	+	4	+	4	=19
+		+		+		+	
5	+	5	+	6	+	5	=21

Impressum

Coverillustration: Constanze Schargan
Covergestaltung: Anja Bauer

Redaktion, Herstellung, Copyright:
Redaktion: Antina Deike-Münstermann
Layout: Cleo Trenkle
Verlag Horst Deike KG
Gottlieb Daimler-Str. 5
78467 Konstanz

Bildnachweis:
Hollich, Rommeis, Stadler,
Kammerer, Schulze

Arnoldstraße 13d
47906 Kempen
Fon 0 21 52 - 2098 50
Fax 0 21 52 - 20 98 60
Mail info@moses-verlag.de
www.moses-verlag.de

ISBN 3-89777-308-2